安倍晴明

——陰陽師従四位下

中村友紀

青林堂

まえがき

日本の歴史を見ていると、しばしば超人的な力――いわゆる超能力――を持った人物が登場してきます。

古い時代では、巫女《みこ》として邪馬台国の舵をとったとされる卑弥呼、日本列島各地の霊山を飛びまわり、山岳修験道のベースをつくった役小角、黒駒に乗って富士山頂へ飛来した伝説をもつ聖徳太子、あらゆる経典を理解し、忘れることがなくなるという『求聞持法《ぐもんじほう》』を修めたとされる空海……。

本書の主人公である陰陽師・安倍晴明もまた、そうした系譜に名を連ねる資格を有するひとりといえるでしょう。

それどころか安倍晴明は、かなりの有名人です。

たとえば京都の晴明神社に行けば、晴明に憧れ、その力のご利益にあやかろうとする熱心な「晴明ファン」で連日あふれかえっています。だれもが皆、自分の「晴明像」というものをしっかりと持っていて、愉しげに語り合っていたりもします。

けれどもそこで、「では安倍晴明とは、どのような人物だったのですか?」と尋ねてみれば、100人いればきっと100通りの答えが返ってくることでしょう。

実際、晴明の実体を正確に説明するのは、かなり難しいことです。

詳しくはこれから本書で解き明かしていきますが、晴明にはふたつの顔があります。

ひとつは官人、つまり役人としての顔――これはいわば表の顔です。

そしてもうひとつは、伝説としてさまざまに語られてきた超人としての顔――つまり裏の顔となります。

どちらも、陰陽道の使い手であることは共通しています。

ただ、それぞれで行った陰陽師としての仕事、役割、その内容があまりにも違いすぎるのです。

このことが、晴明の実体をよりわかりにくくさせています。

人々の興味をひくのはもちろん、裏の顔です。

そこでは晴明は、呪術を操り、式神を飛ばし、怨霊を打ち伏せます。どこか妖艶なムードを漂わせ、年齢不詳のちょっとニヒルな佇まいを見せたりもします。

魅力的なこと、このうえありません。

一方、歴史的な文献に残された晴明の表の顔は、ある意味、まったくの官人そのものです。もちろん、ほぼ晩年になってから頭角を現してきたこと、当時としては珍しいほどの長命で、しかも最晩年まで現役で活躍していたこと、そしてそのころにちょうど政治的な実力者として頂点へと上り詰めつつあった藤原道長に重用されたことなど、いくつかのエピソードは見ることができます。

けれどもそれらはいずれも、裏の顔と比べられてしまうと、どこか見劣りするものであることは否定できません。

そこで考えたいのは、今日のような「裏」の晴明像はいつ、どのようにして生まれてきたのかということです。

あるいは、もしもどこかで「表」の顔から「裏」の顔へのチェンジが行われたのだとしたら、それはどこでどうやって行われたのでしょうか。

本書では、そんな晴明の「表」の顔と「裏」の顔を確認しながら、ひとつの晴明像を浮かび上がらせることができればと思っています。

ただ、注意が必要なのは、時代には時代ごとの常識がある、ということです。

当時の常識とはつまり、平安という時代を貫く思想であり文化です。

そうした常識のなかで、晴明は陰陽師としての役割をまっとうしていたわけで、特別なことをしていたという意識はなかったのではないか、という気がします。もちろんこれは、晴明以外の人々、晴明たち陰陽師が仕えていた帝や公家たちにしても同じことです。

世の常識は、時代とともに移り変わります。

いまのわれわれの目から見ると不思議に思えることも、当時は常識だったということも珍しくありません。

そんなことも、少しだけ本書で感じていただければと思っています。

中村友紀

序章

晴明とは何者なのか？

謎だらけの晴明像

いまは昔――平安時代の日本の都・京都に、安倍晴明《あべのせいめい》という陰陽師がいました。歴史に初めてその名が登場したのは、40歳のときのことです。しかも当時の彼はまだ、学生という身分でした。当時の平均寿命からすればもはや晩年にさしかかったといってもいい年齢です。

ところがそれから晴明は、ほぼ人の一生分――45年という歳月を生きました。役所内では、いまでいうところの高級官僚にのぼりつめ、従四位下という殿上人の身分へと出世を果たします。それに加えてこの高齢は、当時の平均寿命からすれば、常識外れの長生きです。

周囲からは、物の怪じみた怪人に見えたに違いありません。

しかも晴明は、陰陽師としての類い希なる腕を見込まれて、その時代の政治的最高実力者――天皇をもしのぐ摂関家の長――藤原道長《ふじわらのみちなが》のお気に入りとなります。その関係は「陰陽寮」という陰陽師の役職を離れて――つまり陰陽寮のＯＢとなって――もなお、続いていたのです。

こうなると、ますます怪物に思えてきます。

あたかも奇伝小説の登場人物を連想させるような、そんな存在となった晴明が、多くの人の想像力をそそったのは無理もないことでしょう。

ただし――安倍晴明は「怪物」だったと書いたものの、それは彼の「存在」が人間離れしたものだったであろうということであって、歴史書に業績が華々しく記載されるような特別な人物ではありませんでした。

そもそも安倍晴明の名が広く知られるようになったのは、死後およそ100年がすぎてからだったといいます。その時代になって突然、説話集のなかで晴明の陰陽師として傑出した能力が取り上げられはじめるのです。

いったいなぜなのでしょう？

安倍晴明はとにかく、謎の多い人物です。

意外に思われる方もいらっしゃるかと思いますが、そもそも「晴明」という名前の読み方さえよくわかっていません。いまではだれもが当たり前のように「セイメイ」と読んでいますが、本当は「ハルアキ」だったのではないかという学者もいます。

「晴明」という漢字表記にしても、後世の説話集では「清明」と書かれるケースがほとんどです。

また陰陽道も「おんようどう」「いんようどう」、おなじみの「おんみょうどう」など、複数の読み方があります。陰陽師も同様で、「おんみょうじ」ではなく、「おんようじ」という読み方が学者の間では一般的なようです。

清少納言と陰陽師

興味深い話があります。

安倍晴明が生きた同時代には、現代に名を残す有名な女流作家がいました。

紫式部《むらさきしきぶ》と清少納言《せいしょうなごん》です。

『源氏物語』の作者である紫式部は、正確な生没年は不詳とされていますが、おおむね天延元（973）年ごろの生まれといわれています。

そして『枕草子』で知られる清少納言も、康保3（966）年ごろの生まれです。

一方、安倍晴明は延喜21（921）年生まれで寛弘2（1005）年に85歳で亡くなっています。ということは、ふたりはおそらく、生きている晴明の姿を見ているはずなのです（『源氏物語』の文献初出は寛弘5＝1008年、『枕草子』は長保3＝1001年には完成したとされています）。

とくに紫式部は、晴明を陰陽師として重用した藤原道長との関係を噂されたくらい近かったわけですから、面識がなかったはずはありません。

ところが彼女たちの書いたものを見ると、陰陽師は登場するものの、安倍晴明の名はまったく見ることができないのです。

これはとても興味深いことです。

念のためにお断りしておきますが、決して彼女たちが陰陽師のことを知らなかったり、あるいは興味がなかったりしたせいだ、ということではありません。

清少納言は『枕草子』でこう書いています。

「心ゆくもの。よく書いたる女絵の、ことばをかしうつづけて多かる。物見のかへさに、のりこぼれて、おとこどもいと多く、牛よくやるものの車はしらせたる。白くきよげなる陸奥紙にいといと細う書くべくはあらぬ筆してふみ書きたる。うるはしき糸のねりたるあ合はせぐりたる。
調食《てうばみ》に、調多くうちいでたる。ものよくいふ陰陽師して、河原に出でて、呪詛の祓したる。夜、寝きてのむ水」（『枕草子』第29段）

「心ゆくもの」というのは、「心地よいもの、見ていて気持ちがよくなるもの」という意味です。

前段は、上手に描かれた女絵に、素敵な物語がたくさん描かれているものや、その他もろもろが気持ちいい、と書かれています。いかにも清少納言らしい文章ですが、そこは割愛するとして、注目は後段の「ものよくいふ陰陽師して、河原に出でて、呪詛の祓したる」の部分です。

ここには「弁舌さわやかな陰陽師が、加茂川の河原に出て呪詛を避けるためのお祓いをしているところ（が気持ちいい）」と書かれています。

「呪詛を避けるためのお祓い」とは、「祭文《さいもん》」という一種の呪文を読みあげることです。いわば、呪術の現場です。舞台が「加茂川の河原」なのは、そうした呪詛を人形《ひとがた》などに移して、河に流してしまうからでしょう。

つまりこれは、何とも生々しい陰陽師による呪詛祓いの儀式の現場です。それを清少納言は「心ゆくもの」の例として挙げています。

ということは、そうした陰陽師の行動は彼女にとって珍しいものでも、おどろおどろしいものでもなく、むしろさわやかな光景のひとつに見えた、ということなのです。

もうひとつ、『枕草子』から紹介しておきましょう。

「陰陽師のもとなる小童こそ、いみじう物は知りたれ。祓などしに出でたれば、祭文など読むを、人はなほこそ聞け、ちうと立ち走りて『酒、水、いかけさせよ』ともいはぬに、しありくさまの、例知り、いささか主に物いはせぬこそうらやましけれ。さらん者もがな、使はんとこそおぼゆれ」（『枕草子』第３００段）

ここでは、陰陽師のもとで使われているこわっぱが何でもよく心得ていて、ちょろちょろと走り回り、とても気の利くさまがうらやましい、私にもあのようなものがいれば使いたいと思うものだ――というようなことが語られています。

いずれも陰陽師に対してとても好意的な文章です。

呪術師然とした暗く重いイメージなどは微塵も感じられないだけでなく、清少納言は陰陽師のことをとてもよく知っていて、しかも彼らのことを日常的に目にしていたことがよくわかります。

ここではあえて引用はしませんが、『源氏物語』の作者として知られる紫式部も同様で、彼女もまた『紫式部日記』のなかで、陰陽師について触れています。

このときは中宮彰子の出産に際し、そこに現れるであろう物の怪たちを占わせるために、陰陽師が招集されたと書かれています。けれども、だれを呼んだのか、具体的な名前までは書かれてはいません（ちなみに日記のこの記述は寛弘5＝1008年のものなので、すでに晴明は没しています）。

さて——。

そこで改めての疑問です。

なぜふたりは晴明の名前を文字としてとどめなかったのでしょうか？

彼女たちが活躍した時代、晴明はすでに老年期に入っていました。最初に書いたように、一種異様な存在だったはずです。しかも、あの藤原道長お気に入りの陰陽師なのです。それなのになぜ、名前が書かれることがなかったのか——？

確かに当時の常識として、身分の高い男性の名前を女性が口にしたり、ましてや文書に残したりすることはタブーでした。ですから、晴明の名前がないことは当然なのかもしれません。

けれども、同じ時代に突出した力の陰陽師がいたなら、少なくともそれを匂わせる程度のことは書き残してもいいのではないかと思うのですが……。

超人になった晴明

ところが――。

後世になると突然、安倍晴明には数多くの伝説が生まれてきます。

死後１００年ほどで、仏教説話においてその超人ぶりが讃えられ、とても人間とは思えない超常的な力を発揮する人物として描かれるようになります。

若くして都を徘徊する物の怪の姿を見、葉を投げるだけで生き物を殺し、式神を自在に飛ばし、相手に呪詛を返して命を奪うのは序の口で、だれかの命と身代わりに死者さえも生き返らせてしまう――そんな晴明のイメージが、一般的なものとしてどんどん広まっていくのです。

詳しい過程はこれから本書で述べていきますが、平安時代に日本で生まれた陰陽道の名人・安倍晴明は、時代が下るとともに神格化されていきました。

最初のブームは死んでから100年後で、それから鎌倉時代、江戸時代と、時代が下るにつれて彼の超人度は加速度的に高まっていきます。さまざまな物語が作られていくなかで、晴明の超人的な力はどんどん拡大され、その出生や成長過程についても、多くの伝説が付け加えられていったのです。

いわく、晴明は狐の母から生まれた化生《けしょう》の子である、鳥のさえずりを言葉として聞くことができた、唐に渡って陰陽道の極意をマスターした、殺されても呪術によって生き返った……まさに枚挙に暇《いとま》がありません。

やがて明治維新がなされると、陰陽道は明治政府によって禁止されてしまいます。そのため、彼が得意としたとされる陰陽道は、しばらくの間、歴史の流れの底に沈んでいきました。

けれども陰陽師・安倍晴明の名前と人気は途絶えることがありませんでした。

明治時代になると晴明は、もっぱら講談の題材として人気を呼ぶようになります。大正時代から第2次世界大戦が終わるまでは、小休止の時代があったようですが、戦後になると今度は小説の主人公や登場人物として晴明像の見直しが始まります。
三島由紀夫《みしまゆきお》や澁澤龍彥《しぶさわたつひこ》といった作家が小説に登場させるといった動きがあって、昭和63（1988）年には夢枕獏《ゆめまくらばく》氏が小説『陰陽師』を発表。これによって、今日に至る晴明ブームが始まったのです。

ですが、本当は小説『陰陽師』の前に、晴明ブームの下地作りともいえる前段階があったことについても、触れておかなければなりません。

それは昭和60（1985）年に発表された、荒俣宏《あらまたひろし》氏の小説『帝都物語』でした。

この小説には、安倍晴明は登場しません。

登場するのは加藤保憲《かとうやすのり》――。

長身にこけた頬、とがった顎。眼光は鋭く、白い手袋の甲には晴明の術のシンボルとされる五芒星が描かれています。陰陽道や風水の達人で、ある術によって死後に生き返ったこともありました。

彼は、平将門《たいらのまさかど》の怨念を甦らせ、霊的に守られた帝都＝東京を破壊しようと目論むのです。

国文学者の田中貴子《たなかたかこ》氏はこういいます。

「『帝都物語』には晴明説話の影響が見られ、晴明を始祖とする陰陽道の術くらべが通奏低音として常に響きわたっているということができる。その意味で、今の晴明ブームは昨日今日に突然始まったわけではなく、すでに『帝都物語』から荒俣氏によって仕掛けられていたものといえよう。『帝都物語』の読者たちのほとんどは、この本によって陰陽師や彼らが操る魔術的な術を知ったのである」(『安倍晴明の一千年』講談社選書メチエ)

こうして作られた下地の上に、小説『陰陽師』が登場したわけです。その後、今日の美男子で粋な晴明のイメージが形成されるのは、さらにもう一段階あったわけですが、それは本文で検証していくことにします。

いずれにせよ晴明ブームは、一過性の現象ではありません。

昭和の終わりとともにはじまったそれは、「ブーム」といわれながら、平成の時代をまるまるすぎて、令和の現在にまで到達してしまっているのですから。

陰陽師の仕事と晴明の実態

今日、多くの人々がイメージする安倍晴明は、江戸時代に描かれた晴明も顔負けするような、超人的な力をもっています。

けれども、あまりにも超人化されてしまった安倍晴明の姿からでは、逆に陰陽師の本当の仕事がわかりにくくなってしまっているという悪影響があることもまた、間違いありません。

本来、陰陽師の立場は、国家専属の官僚占術師です。

つまり「占い師」なのです。

もちろん現代の占い師とは、意味も立場も責任もすべてが違います。けれども彼らの仕事の本質は、あくまでも「占うこと」にありました。

意外に思われるかもしれませんが、占えばそれで仕事は終わりです。

たとえば占った結果、悪い未来が待っていたとします。その場合、陰陽師はそれを避けるための方法・手段をさらに占うのです。

悪鬼や悪霊と対決し、打ち破るのは彼らの仕事ではなかったのです。

そこには戦いなどはありません。悪霊を調伏《ちょうぶく》するのは、あくまでも僧侶、それも密教僧の仕事でした。

さらにいえば、こうした呪術的な世界を扱う専門家は陰陽師のほかにもいました。

たとえば公式な役人でいえば呪禁師《じゅごんし》がそうです。

彼らは律令制度のもと、典薬寮《てんやくりょう》（宮内省に属し、宮廷官人への医療・調薬を担当する部署）に所属していた官人です。中国の道教にルーツをもち、陰陽道が成立するまでは、呪術によって病人の治療を行っていました。

また、空海によって日本にもたらされた独特の占星術を扱う宿曜道《すくようどう》の専門家も、陰陽道の大家であった賀茂保憲《かものやすのり》と論争を行っています。

このように、平安時代には多くの呪術的な職業が生まれ、それぞれに力を伸ばしていきました。その背景には、病や災いの原因を鬼や物の怪に求めるという当時の社会常識や、恨みを残して死んだ人間による祟りを恐れる人間の心理が、大きく作用していたことはいうまでもありません。

そして、占いを行うだけでなく、式神を飛ばし、呪詛を返し、悪霊を調伏し、さらには死者を甦らせる魔術までこなしてしまう超人・安倍晴明は、こうした当時の怪異を仕事にした人々——もちろん陰陽師も含めて——すべてのイメージが一点に集約した結果、創作されたものといっても過言ではないのです。

その意味からすれば安倍晴明は、日本の闇の世界の象徴ということもできそうです。闇の世界には、無数の鬼や物の怪、妖怪たちが巣くっています。

その闇に対する恐怖、畏怖、そしてそれを見通し、自在に操ることができる力への憧れなど、さまざまな日本人の思いが集約したものが安倍晴明——そういってもいいのではないでしょうか。

私たちのイメージする安倍晴明は、こうしたことの延長線上にいます。

本書では、そうした混沌とした晴明の物語を現実と説話で腑分けしながら、できるだけリアルな姿を描いていきたいと思っています。

同時に、世間に誤解されがちな陰陽道の、本当の姿も見出していければ幸いです。

それでは、安倍晴明と陰陽道をめぐる旅に出かけてみることにしましょう。

第1章

表の晴明
――歴史文献に書かれた晴明

確かな晴明の記録

安倍晴明《あべのせいめい》――陰陽師を代表する人物です。

とくに現在の晴明の人気ぶりを見ていると、歴史に大きな名を残した偉人のように思われています。けれども実際には、公式な歴史的史料のなかに、晴明の記録はあまり多くは残されていません。

しかも、こうした歴史的文献を見たときに浮かび上がってくるのは、今日のイメージとはいささか異なる晴明の姿ばかりです。

本書では、そうした晴明の姿をある程度浮き彫りにすることを目的のひとつとしています。そのためにはまず、歴史的に見た晴明の姿を明らかにしておく必要があるでしょう。いわば、晴明の表《おもて》の顔です。

表ですから、いささか退屈な部分もあるかもしれません。けれども、まずはおつきあいを願いたいと思います。

さて――。

いわゆる歴史文献に晴明が初めて登場するのは、『中右記《ちゅうゆうき》』という貴族の日記のなかです。書かれたのは西暦１０８７〜１１３８年。堀河《ほりかわ》天皇から崇徳《すとく》天皇までの、平安時代末期、いわゆる院政の時代です。

筆者は中御門右大臣藤原忠宗《ふじわらのただむね》。

その『中右記』の「嘉保元《かほう》（１０９４）年11月2日の条」に、天徳４（９６０）年の内裏焼失で失われた霊剣を、村上天皇の勅命を受けて新たに鋳造するための図を晴明が勘申する、ということが書かれています。

これが歴史上における初めての晴明の登場で、それ以前の記録はありません。当然、生年月日も生い立ちも文字にはされていません。

ただ、それからあとの記録ならあります。亡くなった年とそのときの年齢もわかっているので、生まれた年を推測することはできます。

亡くなったのは寛弘２（１００５）年。数えで85歳のときです。いまでも85歳まで生きればそれなりの長寿といえます。ましてや１０００年も昔ですから、人間離れした長寿といってもいいでしょう。

そして、ここから生年を計算すると、晴明は延喜21（９２１）年に生まれたということになります。

したがって歴史文献に初めて登場する天徳4年の段階では、晴明の年齢はすでに40歳。のちの信長の時代でさえ「人生50年」といわれていたくらいですから、晴明はすでにほぼ晩年、老年期にさしかかった男、ということになります。

役職は陰陽寮の役人で天文得業生《てんもんとくごうしょう》、まだ学生の身分でした。出世という観点からすれば、きわめて遅いものです。ということは、40歳の晴明は――こういっては失礼ですが――うだつの上がらない一介の役人見習いにすぎなかったわけです。

ですが、逆に考えると晴明は陰陽師としてこの時点をスタートに、45年の後半生を送ったことになります。人の一生に匹敵する時間を陰陽師として過ごしたのですから、やはり超人の類ということができるでしょう。

なお、晴明の名前が登場する主な歴史的史料としては、以下のものがあります。

・『小右記《しょううき》』（藤原実資《さねすけ》）
・『親信卿記《ちかのぶきょうき》』（平親信《たいらのちかのぶ》）
・『権記《ごんき》』（藤原行成《ゆきなり》）

・『御堂関白記』（藤原道長《みちなが》）

これらの日記のなかで、晴明は何をしたと書かれているのでしょうか。『陰陽道の発見』（山下克明／ＮＨＫブックス）で簡潔に整理されているので、まずはそれをもとにまとめてみたいと思います。

陰陽師としての晴明の仕事

まず『中右記』ですが、ここでは前述のように天徳４（９６０）年、火災で失われた霊剣の図を勘申しています。そして翌年の応和元（９６１）年、実際に神護寺で霊剣が鋳造されることになり、賀茂保憲《かものやすのり》の補佐役で「五帝祭」という祭祀に奉仕しました。

もう少し詳しく説明すると、このときの火事は内裏で起こったもので、皇室の歴代の宝物を収めた温明殿《うんめいでん》も焼失し、霊剣が焼けてしまいます。この霊剣には刀身に十二神と日月、五星の体が刻まれていたといいますから、神々や星の力を借りて天皇を守護する役割を担った霊剣だったわけです。

もちろん、新たに鋳造すればそれで済む、といった性質の剣ではないことは明白です。そこで陰陽寮に、どのような紋様が刻まれていたのか調べよという宣旨《せんじ》（天皇による命令）が下されました。晴明は見事に、その命令に応えたというわけです。

次に、翌年に行われた五帝祭ですが、これは焼けた霊剣に宿っていた星神たちを、新たに鋳造する剣に再び招くための儀式です。平安時代というのは、このような呪術的なことが、朝廷（天皇）の命令によって行われた時代でした。

『親信卿記』では、天禄3（972）年と天禄4（973）年に、天変により天文密奏《みっそう》（異常な天文現象が観測されたときに天皇に報告すること）を行い、四角祭（詳細は終章参照）を行うべきことを奏しています。

また、天延2（974）年には、賀茂保憲に従って延暦寺大乗院の選地を行っています。また、この年も天変が観測されたので天文密奏を行いました。

『小右記』は、右大臣藤原実資の日記で、あの藤原道長が権勢をきわめた時代の世相や、宮廷で行われた儀式が詳細に記録されています。当然、そこには晴明が陰陽師として行ったさまざまな占いや呪術も見られます。

まず寛和元（985）年4月19日、藤原実資の女房の出産にあたり、解除《げじょ》を行っています。解除というのは、災いや邪気を退けるための儀式です。

このとき、出産の予定日が過ぎてもなお、なかなか子供が生まれる兆しが見られませんでした。いまでは考えられないことですが、出産が遅れるということは、だれかに呪詛されている可能性があるということを意味しています。だから解除の儀式を行うことによって、その呪詛を祓う必要があったというわけです。

また同年5月29日には、花山天皇の服喪を除く日時を選定しました。

寛和３（９８７）年2月にも、興味深い記述があります。

この月、一条《いちじょう》天皇の清涼殿遷御により、反閇《へんばい》を行っているのです（ちなみにその翌月にも、藤原実資の転居による反閇も行っています）。

反閇というのは、その場の邪鬼を退け、安全な空間にするための呪術です。具体的には、禹歩《うほ》と呼ばれる特殊な歩行法によって土地を踏みしめ、浄化するというものです。

このとき晴明は、前例のない方法――自らが編みだした方法――でこの反閇を行ったといいます。いうまでもなく役所仕事というのは、何よりも前例が重視されます。ところが晴明は、敢えてそれを破ったわけです。

賀茂氏と晴明

前述のように40歳までの経歴はほぼ不明の晴明ですが、賀茂氏を陰陽道の師としていたことは間違いないようです。たとえば次章で紹介する『今昔物語集』では賀茂忠行《ただゆき》、『続古事談』では賀茂保憲が晴明の師だったと記しています。

保憲は忠行の息子ですが、晴明とは4歳しか年齢が違いません。わずか4歳しか年上ではない者が師になれるのかどうかは微妙ですが、この保憲は30代で暦博士、40代で陰陽頭となっていますから、晴明よりもかなり早く出世をしています。おそらく晴明は、忠行・保憲のふたりを師として陰陽道を学んだのでしょう。

日本の歴史上に名を残した陰陽師は、賀茂忠行や安倍晴明だけではありません。彼らより以前もしくは同時代にも、春苑玉成《はるそののたまゆき》、刀伎《とき》直浄浜《あたまのきよはま》、大春日真野麻呂《おおかすがのまのまろ》、滋岳川人《しげおかかわひと》、三《み》善清行《よしきよゆき》といった陰陽道の達人が複数いました。

そのなかで頭角を現し、のちの章で説明する朝廷の公式な役所、陰陽寮で絶大な力を握るようになったのが、賀茂氏でした。

賀茂氏の出身地は、大和国葛城郡（現在の奈良県葛城市周辺）とされています。修験道の祖とされるあの役小角《えんのおづぬ》も、この賀茂氏一族の出身だといわれています。おそらくはそうした呪術、霊力の素質がある一族だったのでしょう。

賀茂氏は、自らの系図上の祖を吉備麻呂《きびまろ》としています。この吉備麻呂はやがて、右大臣の吉備真備《きびのまきび》と混同されることになります。そして吉備真備は、第2章で紹介する安倍晴明の奇譚的な誕生譚にも深くかかわってくるのです。

やがて役所としての陰陽寮が整理され、頭、助、允、大属、少属という事務方と、陰陽師、陰陽博士、暦博士、天文博士、漏剋博士という実務・実践者の区分けがなされます。そして陰陽頭が、陰陽寮における最高地位になるわけです。

天徳元（９５７）年ごろ、はじめて賀茂家から保憲が陰陽頭になりました。それ以後、陰陽寮のトップは賀茂氏によって受け継がれていくのです。

そのため、賀茂氏と安倍晴明の力関係はなかなか崩れることがありませんでした。

陰陽寮では基本的に賀茂氏がトップを務め、晴明はその補佐といった形が続きます。先に見た儀式においても、賀茂氏のもとで晴明が儀式を補佐したという記述が多いことからも、それはわかるでしょう。

それは晴明の時代だけではなく、彼の子孫の代になっても続きます。そのため安倍氏は、賀茂氏に対してなみなみならぬライバル心を抱いていったのです。

さて、こうして歴史文献に登場してくる晴明は、その後もさまざまな陰陽師としての仕事をこなしていきました。

師である賀茂保憲が貞元2（977）年に没すると、陰陽師としての実力的なライバルはほぼいなくなります。また官職としては、天文博士に就いたのちに陰陽寮を離れることになります。ですから、陰陽寮のトップである陰陽頭の地位に就くことはできませんでした。

しかし、陰陽寮を離れたとしても、晴明の術の力自体が衰えることはなく、60歳くらいから85歳で死ぬまで、陰陽道の第一人者として力を保ちつづけていくのです。

この85歳という長寿は当時の平均年齢からすれば例外的で、おそらく当時は、随一の陰陽師にして、なおかつ陰陽道の世界の長老のような、一種神秘的な立場と役割を担っていたのではないでしょうか。

この晴明の晩年、具体的にいうと75歳から没する85歳までの10年間は、藤原道長が一気に権力を伸ばしていった時期にあたります。その道長が、当代随一の陰陽師であった晴明の力を利用しないはずがないのです。

職業としての陰陽師

ここでひとつ、はっきりさせておかなければならないことがあります。それは、役人としての陰陽師と、職業としての陰陽師の違いです。

役人としての陰陽師、つまり陰陽寮の官職にある人のみを陰陽師と呼ぶのであれば、晩年における晴明は陰陽師ではありません。なぜならすでに書いたように、そのころ晴明は陰陽寮を退官し、違う役所に勤めていたからです。

しかし陰陽寮から離れたとしても、晴明の陰陽道に関する知識や占いの力が失われたわけではありません。ですから晴明は、国家の役所である陰陽寮から離れた、いわば「陰陽師の知識や技術を身につけた達人」として、フリーの立場で天皇や公家に奉仕していたということになります。

こうした立場である以上、当然ながらある種の宣伝も必要になります。

陰陽師としての仕事をしたければ、いかに自分がすぐれた術者であるかを人々に知らせなければなりません。そして実際に晴明は、自らそうした宣伝を行っていた気配も感じられるのです。

たとえば先に述べた晴明初登場の記録、焼失した霊剣の鋳造についてですが、晴明はあくまでも従の立場であって、依頼された主体は師である賀茂保憲です。まだ学生の身分だった晴明は、あくまでもその手伝いをしたというのが現実だったはずです。

ところがのちに晴明は、当時のことを記した文書を作成し、そこで自らが主体だったように主張しているのです。

現代でいうところのセルフ・プロデュース――晴明はそうした術にも長けていたのかもしれません。

道長時代の晴明

正暦4（993）年2月のことです。

一条天皇が急病になりました。そこで晴明が御禊《ごけい》を行ったところ、天皇の病はたちまち回復しています。このときの功績により晴明は、正五位上に位を上げられました。

長徳４（９９８）年には藤原道長が、重い病気になりました。賀茂光栄《みつよし》と安倍晴明が占った結果、転居すべしという結果が出ました。道長がそれに従ったところ、病は快方に向かったといいます。

『栄華物語』にはこうあります。

「御みょうじどもは、晴明・光栄などはいと神さびたりし者どもにて、験となりし人々なり」

晴明だけの功績ではないのでしょうが、それでも道長らは、彼らの験を手放しで褒め称えているわけです。

その晴明の力を示す出来事として、こんなこともありました。

長保２（１０００）年10月、天皇は内裏を新しく造られました。そこで天皇が戻ってくる前に、新居を清浄にしておく必要があります。そこでこのときも、反閇が行われることになりました。すでに書いたように、陰陽師がある特殊な歩き方をして、大地の魔物を踏み押さえる儀式です。

この術を行ったのも、晴明でした。

注目すべきはこの時点で、晴明は陰陽師の役人ではなくなっていたということです。もちろん陰陽寮に、陰陽師がいなかったわけではありません。それなのに晴明は陰陽道の傑出者、つまりこの時代の第一人者として選ばれ、儀式を行ったわけです。

ここからも晴明の力がいかに突出して強力だったかがわかります。

『御堂関白記』の塗りつぶし

『御堂関白記』は、藤原道長自らの筆による日記です。陽明文庫所蔵の自筆本は、現存する世界最古の直筆日記として、平成25（２０１３）年にユネスコ記憶遺産に登録されています。
そのなかに「長保2（１０００）年正月10日条」という、とても有名な一文があります。
「雪が大いに降る。一尺二三寸計りなり、[redacted]晴明[redacted]雑事等を[redacted]
初め[redacted]を献ずるに、晴明の申して云ふに[redacted]無し。仍りて、二十日なり。夜に入りて院に参る。修正月の結願す。後に大内に参りて宿に候ふ」

出だしは問題ありません。京都に大雪が降ったと書かれています。

問題はそれに続く一文、すなわち「■晴明■■■■■■■■■■■雑事等を■初め■■■■■を献ずるに、晴明の申して云ふに■■■■■■■■無し」の部分です。

道長本人による見事なまでの塗りつぶし、伏せ字です。

ただし、このわずかな文中に「晴明」という文字がふたつも出てきます。これが安倍晴明であることは間違いないでしょう。

陰陽師に吉凶を占わせるときには、「××に雑事を勘《かんが》へ申さしむ」というように書かれることが多いといいます。

ある解釈によれば、道長の長女の彰子《しょうし》の立后にからんだことではないかともいわれています。

この年の2月25日、彰子は皇后となり「中宮」と号するのですが、その前年、中宮の定《てい》子《し》が一条天皇の第一皇子となる敦康《あつやす》親王を出産していたのです。

そんな状況のなか、彰子を皇后とすれば定子との「一帝二后」になってしまいます。そのことで思い悩んだ天皇は、彰子立后の発表を一時的に控えるように道長に求めたというわけです。

そういう状況を考えると塗りつぶしの部分は、彰子の立后の日取りを晴明に占わせたというような内容が書かれていたと推測できます。

「仍りて、二十日なり——よって20日になった」というのは、だからその日取りは20日になった、ということなのでしょう。歴史上の立后も25日ですから、それほど大きなずれはありません。

『御堂関白記』と晴明の占い

実際に『御堂関白記』には、道長がさまざまな占術を晴明に命じたという記述があります。

ごく一部ですが、紹介しておきましょう。

まずは「寛弘元（１００４）年2月19日癸酉」です。

「木幡に三昧堂を立つべき所を定めん為、彼の山の辺に到る。鳥居の北の方より河の出づるに、其の北の方に平らかなる所有り。道の東なり。晴明朝臣・光栄朝臣等の定むる也」

「木幡に三昧堂」というのは、道長が藤原氏の墓所である木幡（現在の京都府宇治市）に、三昧堂を建立することを思いたったことを指しています。そこで彼の山（御倉山）のあたりまで出向くと、（許波多《こはた》神社の）鳥居の北から河が流れ出ていて、その北のほうに平らな土地が広がっていました。ちょうど街道の東です。これは、（安倍）晴明と（賀茂）光栄が（占いによって）定めた土地でした。

つまり、家の墓所に最適な地を、晴明・光栄というふたりの陰陽師の占いによって選んだ、というのです。

晴明とともに土地を占った光栄とは、陰陽師・賀茂光栄のことです。光栄は、晴明の師とされる保憲の長男でした。祖父の忠行、父の保憲に劣ることのない、すぐれた陰陽師だったと伝えられています。

ただこの当時、80歳の晴明から見れば、「小僧」に思えた可能性はとても高いと思います。

実際、ふたりの間にはかなりの確執がありました。

『続古事談』という鎌倉時代初期に編纂された説話集には、晴明と光栄のそんな複雑な関係が記されています。現代語で要約してみましょう。

「晴明はもっぱら術法に長けた者であり、学問についてはとくに優れていたわけではなかったといわれている。晴明が保憲の息子である光栄と議論したときのこと。

『保憲はその生前、光栄を自分よりも優位において扱ったことはなかった』

と、晴明がいった。すると光栄は、こういいかえした。

『保憲が晴明を愛弟子として可愛がっていたからといって、私を憎んでいたことにはならない』

晴明も負けじと、こういいかえす。

『保憲は百家の書を私に伝えたが、光栄には伝えなかった。これこそ、保憲が光栄よりも私を重んじていたという何よりの証拠であろう』

光栄の答えは、次のとおりだった。

『父が所持していたその百家の書も、現在は私のところにある。また父は私に暦道を伝えたのだ』」

なんとも激しいやりとりですが、保憲は賀茂家に伝わる陰陽道のうちの暦道を光栄に、天文道を晴明に伝えたといいます。これによって陰陽道の世界には、賀茂家と安倍家という二大宗家が並びたつことになったのです。

そしてそのことに、光栄は不満と疑問を抱いていたことが、この問答からわかります。

ちなみにこの三昧堂には、その後もたくさんの伽藍が建てられ、浄妙寺として15世紀半ばに焼失するまで続きました。

晴明による忠告

もうひとつ、『御堂関白記』からです。

「仏を作り奉らんと為るに、晴明の申して云ふやう、『今日は滅門也。宜しからず』てへり。留め了はんぬ」

「滅門」というのは「滅門日」ともいって、陰陽道において何をしても凶とされる日のことです。これは人により、また日や月によって異なるとされています。

道長はそれと知らず仏像をつくろうとしたので、晴明が「今日は滅門日なので、それはよろしくありません」といって止めたというのです。この晴明の忠告に、道長も素直に従っています。晴明の陰陽師としての力に対する道長の信頼度の高さが、ここからもうかがわれるのではないでしょうか。

晴明の子孫

さて、このように陰陽師として当代一の実力を示した晴明ですが、寛弘2（1005）年には没してしまいます。

晴明には吉平《よしひら》、吉昌《よしまさ》という息子がいましたが、このふたりもなかなかの陰陽道の使い手だったようです。

『小右記』には、吉平についてこう書かれています。

「陰陽家として肩を並べる者、無しとなすか」

肩を並べる者のないほどすぐれた陰陽師だったわけで、実際、陰陽博士、陰陽助、さらには主計頭に任じられています。

吉昌も、天文博士や陰陽博士、主計頭・陰陽頭などを歴任しています。

あまり派手な話は伝わっていないのですが、父の晴明や兄の吉平がなれなかった陰陽寮の六腑、陰陽頭を務めていることから、陰陽師としての力がそうとうなものだったことがうかがえます。なお、『小右記』によれば、吉昌は亡くなるまで天文博士を兼務していたといいます。

そしてこのふたりの兄弟の時代から、陰陽寮は賀茂家と安倍家による二大宗家が牽引していくことになるのです。

彼らの子孫たちも陰陽博士や天文博士になっていますが、そのなかでもすぐれた力を発揮したとされるのが、吉平から数えて4代目にあたる安倍泰親《やすちか》でした。

『平家物語』には、その泰親についてこう書かれています。

「泰親は晴明五代の苗裔をうけて、天文は淵源をきはめ、推条《すいじょう》掌《たなごころ》をさすが如し。一事もたがはざりければ、さすの神子とぞ申しける。いかづちの落ちかかりたりしかども、雷火の為に狩衣の袖は焼けながら、其身はつつがもなかりけり。上代にも末代にも、ありがたかりし泰親なり」

これによれば泰親は天文（の占い）を極め、ひとつも間違えることがなかったので「さすの神子（指すの神子＝よく占いの当たる陰陽師）」と呼ばれた、といいます。

しかもこの文章の後半は、もっとすごいことをいっています。

その身に雷が落ちて、狩衣の袖は焼けたものの、体はなんともなかったというのです。まさに超人です。

あるとき、京都で地震騒ぎがありました。以下はいま紹介した泰親についての『平家物語』の記述の前にある部分です。

「同（治承3／1179年）十一月七日の夜、戌刻ばかり、大地おびたたしう動いてやや久し。陰陽頭安倍泰親、急ぎ内裏へ馳せ参って、

『今度の地震、占文のさす所、その慎み軽からず。当道三経の中に、根器経の説を見候ふ

に、年を得ては年を出でず、月を得ては月を出でず、日を得ては日を出でずと見えて候。以ての外に火急候ふ』

とて、はらはらとぞ泣きける。伝奏の人も色を失ひ、君も叡慮を驚かさせおはします。若き公卿、殿上人は、

『けしからぬ泰親が今の泣き様や。何事のあるべき』

とて、笑ひあはれけり」

11月７日の夜、京都で大地震があってしばらくすると、陰陽頭の安倍泰親が急遽内裏へはせ参じ、「今度の地震、占文のさす所、その慎み軽からず」いって、はらはらと泣いたというのです。

これには少し、説明が必要でしょう。

大地震よりも前に大病を患ってから、平清盛は出家し、福原（兵庫県神戸市）に籠もるようになっていました。「その慎み軽からず」というのは、今度の地震は「間もなく清盛が動きだす予兆だ」ということです。

そしてその年の12月、後白河法皇との対立を激しくした清盛は、法皇の近臣たちの官を

解いて院政を停止し、法皇を幽閉してしまったのです。

泰親の占いは、まさに的中したのでした。

泰親の土地相続争い

その泰親ですが、安倍家の間で土地の相続問題も起こしています。

天承2（1132）年5月15日に開かれた公卿会議でのことです。『中右記』によればこのとき、「土御門の地を相論すること」という記述が見られるのです。

ここは安倍家の先祖である晴明が住んでいた土地です。「土御門」というのは、その屋敷が土御門大路沿いにあったことに因んでいます。

この土地の相続に関して、泰親と兼時（こちらも晴明から5代目の子孫にあたっています）によって、所有権を主張する訴えがなされたのです。

ここで泰親はとても興味深い主張をしています。

「問題の地、六戸主は、晴明の代から『公家の御祭』、つまり天皇のために陰陽道の祀りを行う祭庭であり、いまにいたるまで二〇〇年を経ており他人は領有することはない」

一方の兼時の主張はこうです。

「この地は祭庭ではなく、晴明以後その子孫が伝領したものであり、そのことは券文《けんもん》（証文）に明らかである」

相論の結果がどうなったのかについては、記録が残っていないのでわかりません。ただ、公家たちの間では、この土地は祭庭ではない、ということもいわれていたようです。つまり、泰親の主張は少しばかり、誇張されたものであったということです。

ちなみに晴明の屋敷があった場所ですが、現在の晴明神社が建つ場所ではなく、京都ブライトンホテルの駐車場というのが正しいようです。この場所は天皇が住む内裏と藤原氏という摂関家が住む土地のちょうど間に位置していて、晴明がその力を発揮するのには最適な土地だったということができます。

壇ノ浦の神器捜し

平安時代の終わり、源氏との戦いが激化し、平家は壇ノ浦に沈みます。

このとき、幼い安徳天皇とともに、天皇たるしるしである三種の神器も海中に沈んでいきました。

幸い、八咫鏡《やたのかがみ》と勾玉は無事に回収できたのですが、草薙剣だけがどうしても見つかりません。これは天皇にとっても、そして日本という国にとっても一大事です。そこで朝廷では、陰陽寮に命じて草薙剣が回収できるのかどうかを占わせたのです。

担当したのは前述した泰親の息子の安倍泰茂でした。

その結果、沈んだ場所を中心に5町（約550メートル）以内を探索すれば、35日以内に見つかるという占いが出ます。けれども剣が見つかることはありませんでした。念のために書いておきますが、泰茂もまたトップレベルの陰陽師でした。

この結果について、『平家物語』ではある陰陽博士の意見として、次のように説明しています。

「昔、出雲国簸河上《ひのかわ》にて、素戔嗚尊《すさのおのみこと》に斬り殺され奉りし大蛇、霊剣を惜しむ志深くして、八つの頭、八つの尾を表事として、人王八十代の後、八歳の帝となって霊剣を取り返して、海底に沈み給ふにこそ」

霊剣である草薙剣は、もともとスサノヲによって斬り殺された大蛇である八岐大蛇の尾から出てきたものなので、その霊剣を惜しむ気持ちが強く、八岐大蛇の特徴である「八頭・八尾」から80代（現在は81代とされています）の人王である8歳の安徳天皇に化身して剣を取り返し、海底に沈んだというのです。

そして、だからもう人間のもとへは帰ってこないのだ、と。

晴明の出自と経歴

ここで、これまで触れてこなかった晴明の出自について、改めて見ていくことにしたいと思います。

『医院系図』というものがあります。ここには安倍氏、つまり晴明の祖先に関する系図が載っているのですが、それによると安倍氏の祖は安倍倉橋麻呂《くらはしまろ》（阿倍倉梯麻呂）なる人物ということになっています。

『デジタル版　日本人名大辞典』によれば、この人物は次のように説明されます。

「?—649　飛鳥時代の官吏。大化元年孝徳《こうとく》天皇の即位とともに左大臣となり、大化の改新をすすめた。4年に四天王寺で仏事をいとなみ、また百済大寺（大安寺）の造寺司をつとめた。阿倍鳥《あべのとり》の子とおもわれる。娘の小足媛《おたらしひめ》は孝徳天皇の妃となり有間《ありま》皇子を、橘娘《たちばなのいらつめ》は天智《てんじ》天皇の妃となり皇女2人を生む。大化5年3月17日死去。号は大鳥大臣。阿倍内麻呂《うちまろ》とも」

かなりの高級官僚だったことがわかります。

また、倉橋麻呂の子に阿倍御主人《みうし》という人がいますが、彼は天武天皇のころから政治に関わり、持統・文武天皇の全盛時には大いに出世し、政治権力の中枢に入った人物でした。『公卿補任《くぎょうぶにん》』には、この阿倍御主人が「安倍氏陰陽先祖也」と記されています。

ちなみに御主人は、あの『竹取物語』で、かぐや姫に求婚する5人の公家のひとりでもあります。

いずれにしても、晴明の祖先はかなり有名な人物であり、高位の公家だったということになります。

そして晴明の父の安倍益材《ますき》ですが、彼も大和守や大膳大夫（供御や饗宴などを司る役所の長官）などを務めた役人でした。

何度も書いているように、公式の史料では若き日の晴明の経歴はまったくの不明です。ですからその部分については、次章の「裏晴明」──伝承譚に譲ります。ここでは晴明の後半生について、『安倍氏系図』をもとに箇条書きにしていくことにしましょう。

40歳で天文得業生として登場した晴明ですが、翌年には41歳で陰陽師に昇進しています。そして50歳で陰陽少属に、51歳のときには天文博士を兼任しました。

65歳のときには、主計権助《かずえのごんのすけ》を兼任します。これは租税を管理する役所で、その性質上、すぐれた計算能力が要求されます。おそらくは天文観測で養われた、晴明のすぐれた計算能力が評価されたのでしょう。このときは、現在でいう副長官というポジションでした。

さらに82歳で大膳大夫、左京権大夫ですから、もうほとんど晩年になってからの加速度的な出世です。

お気づきだと思いますが、晴明が陰陽師として活躍していた40歳以降の立場は、陰陽寮の役人ではなく、ほかの役所の官僚だったわけです。陰陽寮OBとして、そのすぐれた力と経験を求められていた——そんな晴明の姿が浮かんできます。

なお、亡くなったときの晴明の官位は従四位下でした。天皇の生活の場である清涼殿に上がることが許されるのは一般的に三位以上の者および四位、さらには五位でも特別に許可されるケースがあったということですから、殿上人のひとりといっていいでしょう。ちなみにこうした昇殿を許されていない者は地下人といいました。

亡くなったのは寛弘2（1005）年。数えで85歳でした。

蘆屋道満について

本章の最後に、安倍晴明最大のライバルとされる蘆屋道満《あしやどうまん》についても説明しておきましょう。

これまでの話では、その道満の名前はまったく出てきませんでした。

次章を読んでいただければ、道満のエピソードは豊富に出てきます。ときには術比べをし、時にはライバルのために働き、晴明を陥れて命のやり取りまでする、まったくの敵役として、です。

けれどもそれはあくまでも説話集や仮名草紙、歌舞伎など、後世のフィクションとされる物語のなかだけのお話です。そのため蘆屋道満は、晴明のライバルとして作られた、存在しない人物だというのがこれまでの定説でした。

ところが、どうもそうではないようです。

寛弘６（１００９）年といいますから、晴明の死から4年後のことです。一条天皇の中宮である彰子と第二皇子の敦成《あつひら》親王、さらには藤原道長も対象とした呪詛事件が発覚しました。これには複数の陰陽法師がかかわっていたのですが、その裁判記録のなかに「道満法師」という名前が見られるというのです。

この「陰陽法師」というのは、陰陽寮所属の陰陽師ではありません。法師というのは、仏教の僧侶に対する呼び名のひとつです。ということは、陰陽法師というのは陰陽道の術を使う僧侶、ということになります。

説話に出てくるように、依頼を受けて陰陽道の呪詛を行う集団が実際にいて、蘆屋道満はそのメンバーのひとりだったというわけです。

これも後述しますが、もともと中国から陰陽の術を伝えたのは僧侶でした。ですから、民間の僧侶たち（じつは当時、僧侶も一種の国家資格であり、民間の僧侶というのは存在しなかったはずなのですが）のなかに、陰陽の術に長けた者や、あるいはそれを伝える集団があったとしても不思議はないのかもしれません。

そもそも陰陽寮は、国家の省庁です。そして陰陽師は、いわば国家公務員です。もちろん現在のように、国民のために働く公務員ではありません。天皇や公家のために働くのが彼らの仕事でした。

当然、賀茂氏や晴明のようなすぐれた陰陽師を使える者はきわめて限られていました。けれども当時の社会は、とくに公家たちにとっては、陰陽師の力抜きでは暮らせないような世界です。

そうなると下級の貴族たちは、道満のような陰陽法師たちに依頼せざるを得ないという状況があったであろうことも、十分に納得ができるのです。あるいは呪詛などの場合、表だって陰陽師に依頼することはできません。そんな「裏の仕事」を請け負う集団があったとしても、決して不思議ではないでしょう。こうした陰陽法師への依頼は、時代が下るとともに一般庶民の間にも浸透していきました。

それがやがて、次章で紹介する超人的な力を持つ「晴明伝説」と、その「宿敵である蘆屋道満」という伝奇的物語につながっていったのです。

第２章

裏の晴明
——説話のなかの晴明と異説

晴明のもうひとつの顔

前章では、歴史的資料に記された晴明について見てきました。これはいってみれば、表の顔、公式な安倍晴明です。読者にとってはある意味、退屈きわまりない晴明の姿かもしれません。

そこに登場した晴明は、占いや陰陽道の呪術を行ってはいますが、決して派手なものではなかったからです。むしろ、地味に思えたはずです。けれどもそれこそが、まさに等身大の晴明だったことは間違いありません。

では、そんな晴明の姿が大きく変わったのはいつからなのでしょうか。

晴明はいつから陰陽道の大家になっただけでなく、超人的な人物として描かれるようになっていったのでしょうか。

繰り返しますが安倍晴明は、歴史上ではそれほど目立った人物ではありませんでした。すでに書いたように歴史的な記録に初めて名前が出るのは40歳のとき、位が上がっていったのも60歳を超えてからで、それまでの記述はありません。つまり、若いころのことはまったくわからないのです。

けれども、いまでは安倍晴明といえば、多くの人がひとつのイメージを共有しています。それはすらりと背が高く、色白の美男子で年齢不詳、巧みに呪術を操り、粋で洒落た人物ということです。

しかし、実際に晴明が活躍をしたのは老年期を迎えてから……。藤原道長に重用され、朝廷の行事日程にまで関与できるようになったのは、それこそ80歳を超えてからです。これは当時としては異例といっていいほどの長寿でしたから、周囲の人から見れば大長老、むしろ妖怪じみたムードさえある異形な人物に見えたのではないでしょうか。

ところが、現在の一般的なイメージは、それとは真逆なのです。

いつからそんなイメージができたのでしょう?

歴史的に見れば、生前はあまり目立たなかった（と思われる）晴明ですが、死後100年ほどたつと、いきなり「有名人」になった気配がうかがわれます。

国文学者の田中貴子《たなかたかこ》氏は、『安倍晴明の一千年』で、こう述べています。

「晴明没の一一世紀初めから約一〇〇年。なぜか『今昔物語集』や『宇治拾遺物語』といった説話集に晴明説話が固まって見えるようになる。もちろん、この後も『古今著聞集』『古事談』などの鎌倉時代の史料にも登場するが、一介の陰陽師の話がこれほど数多く集中して収載されるようになったのはなぜだろうか」

「普通、人が死後説話化されるにはかなりの時間を要するものである。ところが、晴明の場合は一〇〇年足らずで四話も『今昔物語集』に収載されるに至る。これはやや異常な状態といってよく、こういう普通の人とは異なる扱いを受けた晴明には、やはり何らかの伝承が生存中から生まれていたことが想像されよう」

要するに晴明は、生きていたときからただ者ではなかったということのようです。ということは、やはりすぐれた陰陽道の呪術の使い手だったのでしょう。現在の歴史学で価値があるとされる「歴史的史料」には記載されていなくても、当時の人々の間ではかなりの有名人だった――そう考えることができるのではないでしょうか。

晴明の容姿について

先ほどの安倍晴明の容姿、つまりすらりと背が高く、色白の美男子で年齢不詳ということですが、実際の晴明は、どちらかというとずんぐりむっくりとした体型の中年男だったといわれています。これは、大阪の阿倍王子《あべおうじ》神社や、福井の天社土御門神道本庁などに残された絵画で、そういう姿に描かれているからです。

たしかにこれらを見ると、かなりきびしい表情をした中年男性そのものに見えます。

では、「すらりと背が高く、色白の美男子で年齢不詳」の晴明像は、どこから来たものなのでしょうか。

答えははっきりしています。

昭和61（1986）年の雑誌『オール読物』9月号から書きはじめられた夢枕獏《ゆめまくらばく》氏の小説『陰陽師』と、それを原作として漫画によってビジュアル化した岡野玲子《おかのれいこ》氏の『陰陽師』——このふたつの作品が、今日の「美男子」安倍晴明のイメージを創出したといっても過言ではありません。

けれど、どちらが正しいとかいう議論は、あまり意味がないのではないかとも思います。なぜならずんぐりむっくりにせよ、美男子にせよ、どちらも「実物を見て描いたわけではない」からです。

たとえば映画『陰陽師』では狂言師の野村萬斎《のむらまんさい》氏が晴明を演じています。年齢がだいぶ異なっているのはともかく、その演技や迫力については、かなりのはまり役だったと感じた方も多いのではないでしょうか。

晴明の出生譚

40歳になるまで、晴明の経歴は闇に包まれています。父王が安倍益材《いつき》という人物だということは系図上で残されていますが、晴明がどこで生まれ、どのような少年時代を過ごしたのかということはまったくわかっていないのです。

そこでこの部分については、後世に作られた説話や伝説などに頼ることになります。あるいはそこから先の、超人じみた活躍にしても同様です。

本章では、そうした「物語上の」晴明の活躍を中心に進めていくことになりますが、まずはざっと晴明の「出生譚」について見ていくことにしましょう。

まず、晴明の出生地とされている場所が、いくつかあります。

・安倍寺跡（奈良県桜井市）
・晴明公産湯井の跡（大阪府大阪市阿倍野区／安倍晴明神社境内）
・讃岐国香川郡由佐（香川県高松市）
・晴明橋公園（茨城県筑西市猫島）

もちろん、いずれも伝承の域を出てはいません。ただ、その場所は茨城県から四国の香川県までとかなり広範囲に散らばっているのが興味深いところです。

その晴明ですが、妖怪である母のもとに生まれたという話はよく知られています。

京都にある晴明神社のホームページに、その概要が簡潔にまとめられているので、ここで引用してみましょう。


「安倍晴明公は、実在の人物であるが、化生の者であるという伝説がある。『簠簋《ほき》抄』によると、晴明公の母親は、和泉国信太の森の狐である。母は、晴明公が幼い頃、狐の姿を見られたために、和歌を遺して、行方をくらましてしまう。後、晴明公は、信太の持ちを訪れて、母と再会する」（晴明神社ＨＰより）

その信太の森にいまも建つ信太森《しのだのもり》葛葉《くずのは》稲荷神社のホームページには、その悲しい恋の顛末も語られています。こちらも引用をしてみます。

「昔、大阪阿倍野の里に安倍保名《やすな》という若者がいました。家の再興を念じてこの信太の森の稲荷へ日参していました。

ある日、お参りを終えて帰ろうとすると、一匹の白狐が走り寄って来ました。狩人に追いつめられて助けを求めてきました。保名は、草むらにキツネを隠し狩人達と争いになりました。

傷を負い、意識を失った保名が気が付くと、一人の美しい女性に介抱されていました。名は葛《くず》の葉《は》といいました。

数日後、保名の家へ葛の葉が訪ねてきて二人は心を通わせ夫婦となり、男の子が生まれました。

しかし、幸せは長くは続きませんでした。この子が五つとなった秋、子供に添い寝していた葛の葉は眠っているうち、神通力を失ってキツネの正体を現せてしまいました。目覚めた子供はそれに気づく。もうこれまでと葛の葉は口にくわえた筆で歌を書き残して去りました。

その歌は、

『恋しくは　たづねきてみよ　和泉なる　信太の森の　うらみくずの葉』

夫と子供に宛てたものです。

母を慕って泣く子を背にした保名は妻の名を呼びながら信太の森に来てみると、以前は見えなかった葛の葉っぱが社面一面に群がり茂っていました。

そしてそれらの葛の葉が夫と我が子の声に応えるように、葉をそよかせ泣くがごとく、葉のうらを見せてざわめいていました。

その子は後、いろんな天皇に仕えられた、陰陽士〝安倍晴明〟です」（信太森葛葉稲荷神社HPより）

もちろんこの狐は、ただの狐ではなく、神様の遣いです。その子供だから、晴明も人間離れした力をもっている、というのがこの話の肝です。ですから伝説上の晴明の出生譚については、ほとんどがこの話を踏襲しているわけです。

『今昔物語集』の晴明

さて、それでは歴史書ではなく説話としての晴明、つまり超能力者・超人として描かれた晴明について見ていくことにしましょう。

安倍晴明についての超能力者的な説話が最初に収録されたのは、田中貴子氏がいうように『今昔物語集』です。それぞれの話が「今は昔」で始まることから、この名前で呼ばれています。

この書物は、12世紀前半に成立したと考えられています。

まさに晴明の没後、１００年余りしかたっていない時代です。

全31巻で、現存するものは28巻。天竺（インド）、震旦《シナ》（中国）、本朝（日本）から、仏教説話を中心に１０００ほどの話が集められています。

晴明が登場するのはこのうちの第24巻で、そこに４つの話が収められています。当時における「世界の仏教説話」が集められた本のなかで、４話も同一人物のエピソードが収録されているというのは、数として多いということは間違いありません。すでに当時、それだけの有名人だったわけです。

では、その『今昔物語集』に収められた晴明の逸話を、ダイジェストで紹介してみることにしましょう。

晴明、百鬼夜行を目撃する

今は昔、天文博士安倍晴明という陰陽師がいました。幼いころに賀茂忠行という陰陽師に弟子入りし、昼夜を問わず陰陽道を学び、その道の達人になりました。

その晴明がまだ若かったときのことです。師の忠行が夜の下京あたりに外出したときに、晴明も供として牛車の後ろからついていきました。忠行は車のなかですっかり寝入っていたのですが、その途中で晴明は、えもいわず恐ろしい鬼どもが車の前方からやってくることに気づきます。

驚いた晴明は車の後ろに走り寄り、忠行を起こしてそれを告げます。目覚めた忠行もまた、鬼どもが近づいて来るのを見て驚きました。けれどもあわてず、術法をもってわが身と供の者たちを隠し、無事に鬼たちをやり過ごすことができました。

このことがあってから忠行は、晴明を常にそばに置いてかわいがり、陰陽道についての知識を余すところなく教えこむようになります。晴明もまた、瓶の水を移すかのようにその教えを会得していったので、ついに陰陽道の大家となりました。

晴明、識（式）神勝負をする

忠行の死後のことです。

晴明の家は土御門大路より北、西洞院大路より東にありました。

あるときその家に、10歳あまりの童《わらべ》をふたり連れた、年老いた僧らしき男がひとり、やってきました。

「どちら様ですか？　どこから参られたのでしょうか？」

そう晴明が尋ねると、老僧はこう答えます。

「私は播磨国の者ですが、陰陽道を学びたいと思っております。いま、その道におかれましては、あなた様がたいへん優れているとお聞きしております。そこで、ほんの少しでも教えていただけないかと思い、こうしてやって参りました」

しかし晴明は、この老僧は陰陽道のすぐれた術者で、自分を試しにきたことを瞬時に見抜いてしまいます。そして、こんな者に甘く見られるのもつまらないので、少しからかってやろうと考えました。

老僧の供をしているふたりの童は人間ではなく、識（式）神に違いありません。ならばこれを隠してしまおうと思い、袖の内に両手を引き入れて印を結び、ひそかに呪（文）を詠んだのです。そのうえで晴明は、老僧にこういいました。

「たしかに承りました。けれども今日は私には時間がありません。ひとまずはお帰りいただいて、後の吉日にまたいらっしゃってください。習いたいと思ってらっしゃることは、なんでもお教えいたしましょう」

老僧は、「かしこまりました」というと、手を擦りあわせて額に押し当て、走り去っていきました。いまごろはすでに1～2町（約1～2キロ）も行っただろうかと思ったころ、この老僧がまた晴明の家にやってきました。

見ると、人が隠れられそうなところ、あるいは車宿りなどを覗きながらうろうろと歩いています。やがて晴明の前に来ると老僧はこういいました。

「供をしていた童が、ふたりとも急に消えてしまいました。帰してはいただけないでしょうか」

晴明は答えます。

「あなたも珍しいことをおっしゃいますね。なぜ私が、人の御供をしている童を取るというのですか」

すると老僧はいいました。

「それはごもっともなことでございます。どうぞ、お許しください」

「そうやって人を試そうとするからだ。晴明相手に、やめたほうがいいぞ」

そういうと晴明は袖に手を引き入れ、なにやらぶつぶつと呪文を唱えはじめます。するとしばらくして、家の外からふたりの童が走ってやってきました。

「まったくもって、おっしゃるとおりでございます。あなたがたいへんすぐれた陰陽師だということを聞いて、ひとつ試してやろうと思ってやってきました。それにしても、識神を使うのは、古《いにしえ》よりそう難しいことではありませんが、人が使っている識神を隠すなど、とてもできることではございません。なんとすごいことでしょう。たったいまから私を、弟子にしてくださいませんでしょうか」

老僧はそういうと、その場で名符《みょうぶ》を書いて、晴明に渡しました。

広沢の寛朝僧正

晴明が、広沢の寛朝《かんちょう》僧正という人の御坊を訪ねたときのことです。

ちなみに寛朝僧正は真言宗の僧侶で、宇多《うだ》天皇の孫にあたる人物です。

御坊で晴明が寛朝僧正からお話を承っているとき、周囲には若き公達《きんだち》（皇族や摂関家の人々）や僧がいました。話が終わって彼らが晴明に語りかけていうには、「あなたは識神を使うといいますが、それで人を殺すことはできますか？」——と。

晴明は、「陰陽道の大切なことを、いとも簡単にお尋ねになりますね」と皮肉をいいながら、「簡単に殺すことはできませんが、少し力を入れれば、必ず殺すことができます。相手が虫ならば、塵ばかりの力でも必ず殺せます。けれども私は、生き返らせる方法を知りませんので、罪になってしまいますから」と付け加えました。

すると、庭に蝦蟇《がま》が5～6匹、池のあたりにいるのを見つけた公達が、「では、あの蝦蟇を1匹、殺してみてください」と食いさがります。

「なんとも罪つくりなお方ですね。そこまでおっしゃるのなら」

そういうと晴明は、草の葉を摘み切ると何か呪文を唱えながら蝦蟇のほうへ投げました。するとその草の葉が蝦蟇の上にかかると同時に、蝦蟇は真平に（一部欠字）なって死んでしまったのです。僧たちはこの様子を見て、色を失うほどに恐れたといいます。

識（式）神が家事をなす

最後はこんな話です。

晴明は家に人がいないときには、識（式）神を使って家事をさせていたというのです。たとえばだれも家にはいないのに、蔀《しとみ》が勝手に上げ下ろしされることがありました。また、門も閉める人などいないのに、ひとりでに閉ざされていたといいます。

晴明の暮らす家では、このように不思議なことが多かったと伝えられています。

そしてその孫がいまも、天皇に仕えています。それは土御門家といいますが、晴明の屋敷があった場所に住んでいます。しかも、この家で暮らす晴明の孫は、つい最近も識神の声を聞いたといいます。

そうであれば、晴明はよほど只者ではなかったのでしょう。そう語り伝えているということです。

晴明の説話は土御門家の宣伝？

いかがでしょうか。こうして改めて読んでみると、じつにあっさりとしたものです。

そしておそらく４つとも、ほとんどの皆さんが知っているか、どこかで耳にしたような話のはずです。実際のところ、ほとんどの晴明に関する物語は、こうした短い説話をベースにして展開したりキャラクターをふくらませたりしたものなのです。

ちなみに前述の田中貴子氏は、これらの説話について「晴明が超能力者だということを強調するよりも、その孫が今（院政期）も活躍しているのだ、という、いわば土御門家の由来を語るものとなっている」（『安倍晴明の一千年』）と語っています。

だとすれば、４つの説話のうちの最後の部分、土御門家に関するくだりは省略されることも多いのですが、本当にいいたかったのは、もしかしたらこの部分だったのではないか、という気もしてきます。

もしかすると晴明の超人的な姿は、土御門家（もしくは『今昔物語集』の筆者）によって、陰陽道の大家である土御門家に箔を付けさせるために誇張され、大げさに描かれたもの、ということもできるかもしれません。

『宇治拾遺物語』の晴明

13世紀初めに成立したとされる説話集『宇治拾遺物語』にも、やはり安倍晴明が登場します。これも、晴明の超人ぶりをよく表した話なので、紹介しておきましょう。

藤原道長が、法成寺《ほうじょうじ》（摂関期を通じて最大級の寺だったとされていますが現存していません）を建立していたときのことです。熱心さのあまり、道長は毎日のように建設現場に顔を出していたのですが、あるとき、いつもお供をしていた白い犬が道長の前をふさぎ、門をくぐるのを止めようとします。

「なんでもあるまい」

そう思って無理に入ろうとしたところ、今度はその犬が道長の衣の裾に咬みついてきました。

「さては何かあるのだろうか？」

さすがに不審に思った道長は、安倍晴明にすぐに来るように命じました。

現場にやってきた晴明はしばし占うと、道長にこういいます。

「殿を呪詛した者がおり、呪物が道に埋められているようです。それをまたぎ越えれば、きっとよからぬことが起こります。犬には神通力があるのでそれを察知して、殿に告げたのでしょう」

「それはどこに埋まっているのか？　見つけだせ！」

道長が命じると、晴明はさっそく占って、とある場所を指さしました。

そこを掘ると、土器をふたつ合わせたものを、よじった黄色の紙で十字に絡げた品物が出てきました。ところが開けてみても、何も入っていません。ただ土器の底に、深い朱色で一文字が書かれているだけです。それを見た晴明は、こういいました。

「これは、私のほかにはだれも知らないはずの呪術です。もしかすると私の弟子である道《どう》摩《ま》法師（蘆屋道満）の仕業かもしれません」

そういうと晴明は懐から紙を取りだして鳥の姿に引き結び、呪文を唱えて空へ投げあげました。すると、たちまち紙は白鷺となって南へ飛んでいくではありませんか。

「あの鳥が落ち着く場所を見とどけてこい」

道長がそういって遣いを走らせると、六条坊門万里小路《までのこうじ》付近にある古びた家のなかに落ちていきます。晴明がにらんだとおり、そこは道摩法師の家だったのです。使いの者はその場で道摩法師を捕らえ、戻ってきました。

なぜ呪詛などを行ったのかとその魂胆を問いつめると、道摩法師は「堀河左大臣・藤原顕光《あきみつ》公の命により仕《つかまつ》りました」と答えます。

道長は、

「本来なら流罪にすべきだが、頼まれたのであればそれは道摩の咎ではない。今後はこのような真似をするな」

といい、道摩法師を本国である播磨国へ追放することで話をおさめました。

なお、藤原顕光は藤原北家の出身で、兼通《かねみち》の長男です。兼通の死後は道長との政権争いに敗れ、失意のうちに死去した人物です。

そしてその後も顕光は、怨霊となって道長の家系に祟りをなしたといいます。

もうひとつの晴明像

このように晴明は、宿敵である道摩法師（蘆屋道満）と術を競い、ことごとく打ち破っていきます。ですがそのなかには、道満に敗れ、晴明が命を失う話もあるのです。

それが『三国相伝陰陽輨轄《さんごくそうでんいんようかんかつ》簠簋《ほき》内伝《ないでん》金烏玉兎集《きんうぎょくとしゅう》』です。この書物は、晴明が自ら編纂したとされる占術の専門書ですが、実際には彼の死後にまとめられたもののようです（現在のところ、晴明自身の著書とされているのは『占事略決』だけです）。

とても長い書名なので、略称として『簠簋内伝《ほきないでん》』『金烏玉兎集《きんうぎょくとしゅう》』などと呼ばれています。そこで本書でも、こちらの名前を用いることにします。

その『簠簋内伝』の注釈書に『簠簋抄』というものがあります。これは江戸時代に出版されたとされるものですが、そのなかに「三国相伝簠簋金烏玉兎集之由来」という一文が掲載されています。ここもまた晴明説話にとって重要なパーツとなっているのです。

タイトルのとおり、ここには陰陽道の奥義・秘儀が記された『簠簋内伝』が、いかにして晴明のものになったのかという、いきさつが書かれています。

ですがその内容たるや、いきさつなどというものではなく、歴史的な記録にはない晴明の若年期から、宿敵・蘆屋道満との文字通り生死を賭けた戦いの記録なのです。

その内容も要約してみましょう。

龍宮へ行った晴明

もともと『金烏玉兎集』は、中国の大唐雍州《よう》城荊山《じょうけい》の麓に住む伯道《はくどう》上人が、天竺にある聖霊山《しょうりょうせん》で文殊菩薩から伝えられ、中国へ持ち帰ったものとされています。

それを日本にもたらしたのは、遣唐使として唐に渡った吉備真備でした。

この吉備真備という人物も非常に興味深いところがあって、彼は奈良時代の公卿であり、学者です。名前の通り吉備国（現在の岡山県）の豪族で、吉備氏の出身です。霊亀3（717）年に阿倍仲麻呂《あべのなかまろ》や玄昉《げんぼう》らとともに唐に入りました。

きわめて優秀な人物で、それをねたんだ梁の武帝《ぶてい》の謀略によって何度も殺されかけます。その手段は陰湿をきわめたもので、囲碁の名人と対局させたり、解読不能といわれた暗号『野馬台詩』を読ませたりという無理難題をふっかけてきたのです。

しかしその難局も、かつて同じような仕打ちを受けて武帝に殺され、赤鬼と化した遣唐使の先輩である安倍仲丸の援助を受けて無事に切り抜けます。

そうとは知らず、真備の才能に感心した武帝は、７つの宝を与えました。そのうちのひとつが、陰陽道の聖典である『金烏玉兎集』だったのです。

これらの宝を日本に持ち帰った真備は、亡くなる直前にこう考えます。

「自分がこうして生きながらえたのも、安倍仲丸のおかげだ。この秘伝書は、ぜひとも仲丸の子孫に伝えよう」

そして常陸国にある筑波山麓の猫島に住む仲丸の子孫――当時はまだ童子でした――を捜しだし、『金烏玉兎集』を譲ったのです。この童子こそ、のちの安倍晴明でした。

なお、この猫島の晴明伝承については大変興味深い内容があるので、別項でさらに詳しく説明します。

さて、この童子ですが、あるとき鹿島明神へ１００日間の参籠を行いました。

その99日目、子供たちが小さな蛇を殺そうとしているのを目撃しました。参籠中は「死相」を見ないという誓願を立てていた童子は、その蛇を買い取って助けます。そして参籠が終了した１００日目になって、美しい女性が彼の前に現れました。昨日の蛇は自分で、本当は龍宮の乙姫だというのです。

彼女は助けてもらったお礼にと、童子を龍宮へ招待しました。その帰りに童子は石の櫃《ひつ》をみやげにもらい、耳に烏薬を塗ってもらいます。なんとこの薬のおかげで、童子は鳥のさえずりが言葉として聞こえるようになったというのです。

鹿島の鳥たちは、都の噂話をしていました。

都では天皇が長く患っているが、その原因は昨年、寝殿を造ったときに丑寅（北東の鬼門の方角）の柱の礎の下に生きた蛙と蛇を生き埋めにしたためで、それぞれが争い、その怨念が天皇への災いとなっているというのです。

童子は都に上り、「天下無双の博士」という札を立てます。これを目にした宮廷の者が彼に天皇の病気の原因を占わせたところ、丑寅の方角の柱の下が原因だと指摘され、さっそく蛙と蛇を取り除いたところ、天皇はたちまち回復しました。

その手柄が認められて童子は宮中に仕えることになり、3月の清明節という24節季のひとつにちなんで、「清明」という名を賜ります。

これが陰陽師・安倍晴明の誕生だというのです。

生活続命の法

長くなりましたが、じつは本題はここからです。

あるときのこと。都ですっかり有名になった晴明のもとに、蘆屋道満という陰陽師が術比べにやってきます。負けたほうが相手の弟子になるという約束で、ふたりは天皇の前で長持のなかに入れられたものを占いで当てるという勝負をしました。

このとき道満は大柑子《こうじ》が16個、晴明はネズミが16匹と占いました。

正解は道満がいうように大柑子だったのですが、それをわかっていた晴明は、あらかじめ術で大柑子をネズミに変えてしまっていたのです。長持をあけると、なかからは16匹のネズミが走りだしてきました。

こうして道満は、晴明の弟子になります。

その後しばらくして晴明は、陰陽道の呪術をさらにきわめるために、唐に渡って修行をすることになりました。詳細は省きますが、晴明はなんと、あの『金烏玉兎集』を天竺から中国に持ち帰った伯道上人のもとで日々研鑽を重ね、10年後に帰国します。

ところがその間、晴明の家ではたいへんなことが起こっていました。晴明の妻である梨《り》花《か》と道満がいつしか男女の関係になっており、しかも梨花は晴明が秘蔵していた『金烏玉兎集』を道満に見せ、書き写させてしまうのです。

そして帰国した晴明に、道満はいいます。

「私は夢で大唐に渡り、そこで『金烏玉兎集』を得た」――と。

もちろん晴明はまともに受けとりません。

「もしも夢のなかで大金を得たとしても、夢から醒めればその金は手元にはない。だからたとえ道満が夢で書を得たとしても、現実に手元にあろうはずがない」

もっともなことですが、道満も譲りません。そこでふたりは、互いの命を賭けることになりました。そして『金烏玉兎集』の写本を見せられた晴明は、その場で首を切られてしまうのです。

完全なる晴明の敗北でした。

ところが――。

ちょうどそのころ、唐にいた伯道上人は、晴明が刈った萱でつくられた文殊堂が焼けたことにより、晴明の命が失われたということを悟ります。そこではるばる日本を訪れ、塚に埋められていた晴明の骨を集めると、「生活続命《しょうかつぞくめい》の法」という呪術を使って晴明を生き返らせてしまうのです。

そのうえで伯道上人は道満のもとを訪れ、自分の弟子である晴明はどこにいるのかと問い詰めました。

道満は、晴明は3年前に死んだと主張しますが、伯道上人は納得しません。ふたりは激しく晴明の生き死ににつついて論じあい、最終的に互いの首を賭けることになります。

そこに生き返った晴明が現れます。

これによって道満は首を切られ、妻だった梨花も殺されることになります。また、道満が書き写した『金烏玉兎集』も焼き捨てられたのです。

『金烏玉兎集』の成立

だれが読んでも明白だと思いますが、これはもう歴史的に見ればまったく荒唐無稽な話です。

そもそも晴明は唐には行っていませんし、道満との争いも微妙です。伯道上人との時代関係も一致しません。ですからこれはあくまでも『金烏玉兎集』の由来について語るがための物語なのでしょう。

整理してみましょう。

『金烏玉兎集』もしくは『簠簋内伝』は、安倍晴明自らの手による占術書ということになっています。ですが、すでに書いたように『簠簋内伝』が成立したのは鎌倉時代末期から室町時代前期にかけてだといわれています。それも一度につくられたのではなく、ある程度の時代を経てまとめられたものと考えられます。

さらに、その注釈書である『簠簋抄』に至っては、江戸時代の成立です。

ですから、信憑性という点では不確かであることは間違いありません。

しかしその一方で、一般的な安倍晴明のイメージとは、まさにこの章で紹介したエピソードそのものであるということも事実です。

実際のところ、歴史上の晴明は、役人然としています。一方で伝承されてきた晴明像は、話としてもはるかにおもしろいし、興味深いのです。

異説・猫島の晴明

ところでここで見てきた晴明の生い立ちには、ある興味深い記述が見られます。「そして常陸国にある筑波山麓の猫島に住む仲丸の子孫――当時はまだ童子でした――を捜しだし、『金烏玉兎集』を譲ったのです。この童子こそ、のちの安倍晴明でした」と書かれた部分がそれです。

何度も繰り返していますが、歴史的な文書には、40歳までの晴明についてては何も書かれていません。ですが、出生地についてはいくつかの伝承地が遺されています. それについては、本書の最初でご紹介しました。

ここにはそのうちの、「晴明橋公園」（茨城県筑西市猫島）説が説かれているのです。これがなかなか興味深いので、詳しく説明しておきます。

その本で書かれた「筑波山麓の猫島」は、かつての茨城県明野町猫島のことだといわれています（現在は平成の大合併によって筑西市になっています）。

前章で紹介した『安倍氏系図』によれば、晴明の祖先、つまり安倍氏の祖は安倍倉橋麻呂（阿倍倉梯麻呂）ということになっていて、この人は飛鳥時代の官吏です。孝徳天皇の時代に左大臣となり、大化の改新をすすめた高級官僚でした。

晴明の父親の安倍益材《ますき》も、大和守や大膳大夫などを務めた官僚です。

その晴明が、筑波山麓出身とは、どういうことなのでしょうか。

興味深いことに、現在の猫島を訪ねてみると、晴明神社、晴明井戸といった晴明縁《ゆかり》の「遺跡」が残されています。また、筑波山を挟んで東にある石岡市吉生にも、晴明稲荷と井戸の跡があります。

つまり、少なからぬ「物的証拠」らしきものもあるわけです。

ただしいずれも、現在は個人宅の敷地内になっていますから見学はできません。

猫島は高松家、吉生は本図《もとず》家です。

高松家の晴明神社は、屋敷の裏手の竹藪のなかにあります。祀られているのは八幡大菩薩と稲荷神。

この稲荷神は「信太明神」——説話では晴明の母とされる信太の狐です。また晴明井戸は、晴明のシンボルであるセーマン、つまり五角形になっています。

一方の本図家ですが、こちらも「晴明稲荷」といいます。小さな祠で、鹿島神宮から伝えられた「龍の髭」がご神体になっています。そしてその裏には、「随心井《ずいしんい》」という井戸が残されています。

奇書『晴明伝記』

猫島の高松家には、ある版木が伝わっています。その名を『晴明伝記』といいます。

現在、確認できるのは十数枚の版木で、彫られた年代自体はさほど古いものではありません。江戸時代、宝永8／正徳元（1711）年と推測されています。ただし、いい伝えによれば内容が書かれたのは古く、建保7／承久元（1219）年だともいわれています。

この年、明野に残る晴明にまつわる遺跡を訪ねてきた晴月《せいげつ》という人物が書き残したものが元になっているというのです。ということは、あの『簠簋内伝』よりも古いということになるわけです。もちろん、『簠簋抄』よりもずっと前です。

したがって——仮に『晴明伝記』の由来が確かだとするなら——猫島の晴明遺跡と猫島晴明出生地説は、これが発生元ということになるわけです。

では、その中身を見てみましょう。書き出しはこうです。

「常陸国真壁猫嶋というところに天文司郎安倍博士吉備後胤晴明の旧地あり」

次に、こう書かれています。

「一　八幡大菩薩　宝祠一宇　宰相国安倍仲麻呂霊神を祭る　晴明が祖先也
一　稲荷大明神　宮殿一宇　和泉国信田明神　すなわち晴明御母信田姫也
一　随心水の五角の戸　壱つ　晴明、鹿島にて婆伽羅龍王よりむすび得たる水也。如何なる旱魃にも渇することなし。しかしながら清浄にして人の願にしたがい感応する事、水の器に随う如くなれば、名づけて随心水と云う。晴明五角の印この井を表せり。この水を飲む人、眼前の験《しるし》あり」

これが、前述した高松家と本図家の晴明神社および随心井を説明した文章であることは、もはや説明の必要もないでしょう。

ここからあとは、これまで『簠簋内伝』に書かれていること、つまり遣唐使・安倍仲丸の唐での悶死事件や吉備真備が陰陽の秘伝書（『金烏玉兎集』）を持ち帰ったことなどが書かれていきます。

いずれにしてももう少し、『晴明伝記』の記述を追っていくことにしましょう。

もうひとつの誕生譚

唐から陰陽の秘伝書を持ち帰った吉備真備は、それを安倍仲丸（仲麻呂）の子孫に渡したいと考えます。では彼は、どうやって筑波山の麓の猫島を知ったのでしょうか。『晴明伝記』はその経緯についてこう記します。

「その後、吉備公在唐の日、仲麻呂が慈恵にあずかりし事有りて、我この恩を報ぜずんば何日を期せんと、伝来の宝書を伝えん者は仲麻呂が末葉には如かじと。少目睡たる夢に、汝のぞむ所の者、東天の和歌の山下に有るべしと云々」

真備は、夢に見た「東天の和歌の山下」を常陸国の真壁だと考えて現地を訪れたというのです。そして彼はそこで、なんとも異様な光景を目にします。

彼の前にどこからともなく数千匹の猫が集まってきて、道をふさいでしまったのです。驚き、立ち尽くしていると、その向こうから地元の子供たちがたくさん、やってきました。すると猫たちは、まるでそれを合図にしたかのように胡散霧消して去っていってしまったのです（これが猫嶋の地名の由来だといいます）。

ところでその子供たちのなかに、ひときわ目立つ少年がいました。話しかけてみると、彼はとんでもないことをいいだします。

彼の母親は信田姫という人で、あるとき、泊まる家もなくこの地域にやってきました。そこで、安倍仲麻呂の孫がいま、一般の家に下ってこの地にいるのですが、彼女はその家に留まり、子供を産んだというのです。

ところがその子が3歳になるころ、彼女はある歌を残して消えてしまいました。

「恋しくば　尋ね来て見よ　和泉成る　しの田の森の　うらみ葛の葉」

もちろんあの有名な、信太狐の歌です。

真備は、これこそ神明による導きに違いないと確信して、その少年に宝書と一連の証文を渡して京都に帰っていきました。

この少年がのちの晴明で、龍宮で鳥のさえずりを理解できるようになり、都へ上ったという話は『簠簋抄』と同じですので割愛します。

晴明の足跡？

筑波山の麓に残る晴明伝説を駆け足で見てきました。

当然ですが、こちらも荒唐無稽な話だと思えるでしょう。

仮に『晴明伝記』の成立自体、伝承のように鎌倉時代ではなく、あくまでも版木が刷られた18世紀だとすれば、さまざまな晴明伝説や『簠簋抄』をもとにつくられたフィクションだと切り捨ててしまうのは簡単です。

けれど、こちらこそが『簠簋抄』の元になった文書だとすればどうでしょうか。

そう考えたとき、ひとつ、興味深いことがあります。

それは、関東と京都の間に残された、安倍晴明にまつわるさまざまな「痕跡」の存在です。

ざっと挙げてみましょう。

まず、明野町の南西にある下妻市桐ヶ瀬地区の毛野川には、晴明が道満と呪法を競い合ったという伝承が残る「晴明河原」があります。こうした晴明に縁がある場所は、明野の周辺にはじつにたくさんあるのですが、問題はそれが徐々に南下し、さらには西へ——つまり京都へ——向かっているということなのです。

千葉県の銚子市には、かつてこの地を訪れた晴明が建立したという神社があります。東京の葛飾区立石の熊野神社も、紀伊半島の熊野で修行を終えた晴明によって、この地に勧請されたという社伝があります。

さらに興味深いのは神奈川県の鎌倉市で、ここには晴明の名前がつけられた井戸や石、橋が、かつてはたくさんあったというのです。

そのうちのいくつかは、いまでも市内に残っています。一例を挙げるなら、円覚寺隣の八雲神社境内にある晴明石がそれですし、鎌倉街道と横須賀線の踏切脇にもやはり晴明石があります。さらに、建長寺の向かいの第六天社にも、「安倍清明大神」と書かれた石碑を見ることができます。

関東を離れても、静岡県吉田町の能満寺、同県掛川市の晴明塚、同市の水神宮、さらに愛知県あま市甚目寺《じもくじ》の晴明塚……まさに枚挙に暇がないといってもいいでしょう。

こうしたことは、どうとらえればいいのでしょうか。あえて想像をたくましくすれば、こんなふうにも考えられます。

晴明は、生涯を通じて京都から出たことはありません。それが歴史の常識です。けれど、もしも晴明が『晴明伝記』の記述のように筑波山の麓に生まれて、京都に定住してからもしばしば故郷を訪れていたとしたら——？

これらの「痕跡」は、まさにそうした晴明の「足跡」だということはできないでしょうか。

ちなみに『晴明伝記』には、こう書かれています。

彼が京都に上り、比叡山近くの坂本に居住したのちのことです。

「その後に仁王六十五代花山院の御宇寛和の頃、ここ常陸国猫嶋に来たり里人に告げたまわく。その所に随心水あらん限り両社の神の御めぐみ、我等が遺跡末代まで伝えんと。益加持し給ふゆえ、水のきとく尚深く、是を念じて飲みたる者願いが忽ち成就し、あるいは万病に治癒となり、七難を除き、七福を生むが不思議の水なり。その後、晴明村落往来して終に都へ登ると云々。是によって常陸国に晴明が名誉のしるしども所に有り」

この文書によれば晴明は、花山《かざん》天皇のころ、猫島に里帰りをしています。そしてこのとき、「随心水」という神の水は、飲んだ者の願いを成就させ、病を癒し、幸運を招くものだと里人に宣言したというのです。

あくまでもひとつの可能性としてですが、晴明が故郷である京都と猫島を何度か往復していたとすれば、彼が歩いた要所要所に晴明伝説の名残が見られたとしても、決して不思議なことではないのかもしれません。

伝説としての晴明へ

この章で書いてきたことは、あくまでも晴明に関する伝承です。

ここで紹介した以外にも、晴明が行った奇跡を記した書物は平安時代から江戸時代まで、たくさんあります。いえ、この本も含め、次々と出版される晴明関係の書籍もまたそうした流れの末端に位置するのかもしれません。

それらをひとつひとつ挙げていくとあまりにも煩雑になってしまうので、本章はこのあたりで終わりにします。

いずれにしてもこうした奇跡譚・超人話が、晴明の人気ぶりを物語るものであることは間違いありません。

関東や東海道の周辺に晴明の「遺跡」が多いという事実にしても、それだけ晴明信仰が全国に広まり、人気が高まったということの名残と考えたほうが自然だという意見もあるでしょう。

それと同じように、本章で紹介した奇跡譚や晴明の超人的な活躍も、こうした晴明人気をもとに創作されたものとするほうが学問的には正解なのかもしれません。

けれども、こうした晴明の超人的な活躍には、そうした「常識」を超えたエネルギーと熱のようなものが感じられるのもまた事実です。

次章からは、その超人・安倍晴明の力の源泉となった、陰陽道の成立について詳しく見ていくことにしましょう。

第3章

陰陽道とは何か？——陰陽道の歴史

陰陽道は日本で生まれた

陰陽道のルーツについて語るとき、よく耳にするのが「古代中国の陰陽五行説にもとづいて云々」という説明です。

たとえば『広辞苑』でも、陰陽道についてはこう書かれています。

「古代中国の陰陽五行説に基づいて天文・暦数・卜筮・卜地などをあつかう方術。大宝令に規定があり、陰陽寮がおかれたが、次第に俗信化し、宮廷・公家の日常を物忌・方違えなどの禁忌で左右した」

もちろん間違ってはいません。陰陽道は陰陽五行説はもちろん、易や道教、さらに吉兆をベースにした予言など、さまざまな中国由来の思想がベースにあります。

けれども「陰陽道」という言葉そのものは、日本独自のものです。中国の文献では、「陰陽」や「陰陽家」という言葉は見られますが、「陰陽道」という言葉や思想、呪術を見ることはできないのです。

そこで最近では、「陰陽道とは陰陽寮という役所を基盤に平安時代に日本で成立した呪術宗教だと考えられるようになってきた」といいます（『陰陽道の発見』山下克明／NHKブックス）。

つまり陰陽道は、日本で生まれたものなのです。

ここで注目すべきは「役所を基盤に」という部分です。

詳しくは後述しますが、日本において陰陽道と深いかかわりをもった最初の天皇は、天《てん》武《む》天皇です。また、日本で最初に「陰陽寮」という言葉が見られるのは、『日本書紀』天武４（６７５）年の記述です。

このとき、陰陽寮などが薬や珍異などのものを天皇に勧め、さらにはじめて占星台（天文台）を建てたという記述が見られるのです。

さらにいえば、天武天皇自身が、陰陽道の占いをよくする人物でした。

本章ではそんな陰陽道の由来や歴史を辿ってみることにしましょう。

陰陽と五行

日本で陰陽道が形成されたときにベースとなった知識は、もちろん中国大陸由来のものでした。

その中心が陰陽五行説で、この言葉は「陰陽」と「五行」のふたつからなっています。

陰陽は、この世のいっさいのものは陰と陽のふたつの気によって生まれたとする考え方です。それぞれに相反する性質をもっていて、あらゆる事象――男と女、昼と夜、太陽と月、春と秋、夏と冬など――はこのふたつの気の相互作用によって発生したとします。

相互作用というのは、それぞれの気の動きが活発になるか、あるいは衰えるかということです。

たとえば冬至のころには陰の気がピークを迎えますが、これを過ぎると徐々に陽の気の動きが活発になり、春から夏至にかけて陽の気がピークを迎えます。世界はこうした陽と陰の気の循環だというのです。

五行はというと、この世の構成元素を木・火・土・金・水の5つとして、このうち木と火は陽に、金と水は陰に、土はその中間ととらえる考え方です。

行というのは「めぐる」という意味で、世界の動きはすべて、これら5つが消長・循環してめぐることで起こるとするのです。

この動きは「相生」と「相克」というふたつに分けられます。

「相生」では、「木・火・土・金・水」の順序でものごとがめぐります。すなわち「木が燃えて火が生じ、火から灰が生まれて土になり、土からは金属のもとになる鉱物が採取され、金属が冷えると水が生まれ、その水を与えることで木が生じる」ということです。

一方、「相克」は「土・木・金・火・水」の順となります。「土中からは木の芽が出るので、木は土に勝（克）ち、金属は木を切るので木に勝ち、火は金属を溶かすので金に勝ち、水は火を消すので火に勝ち、土は水をせきとめるので水に勝つ」という、互いに打ち消し合う関係を意味しています。

じつはこれは、安倍晴明のシンボルマークでもある五芒星、セーマンのデザインになっています。

なお、「木・火・土・金・水」は、四季の「春＝木、夏＝火、秋＝金、冬＝水」にもあてはめられており、土は季節ごとの15日で「土用」と呼ばれています。

方位も「東＝木、南＝火、西＝金、北＝水、中央＝土」、このようにして世の中のあらゆるものが陰陽五行にあてはめられたのです。

ただし、もともと陰陽と五行は別のものでした。ところが前漢（紀元前２０２〜紀元後

8年）のころ、ふたつが合体して陰陽五行説となります。これが、いわゆる中国思想の根幹をなすものになっていったのです。

こうして陰陽五行の理論が生まれてくると、世の中における出来事は基本的にこの理論によってすべてが説明できる、ということになっていきました。そうであれば、陰陽五行を知ることで、過去の出来事を知るだけでなく、未来の出来事も「占える」ということにもなります。

こうして中国では、陰陽家という占いの流派が生まれてきたのです。

国家を動かした陰陽五行

陰陽五行と陰陽家の存在は、国家にとってもきわめて重要な意味をもっていました。なぜなら陰陽家は占いの手段として天体を観測し、星の動きや季節の移り変わりから暦を作るという役割を担っていたからです。これは、農耕によって国家の経済を支える為政者にとっては、絶対に掌中に収めなければならない知識でした。

さらに、陰陽家が未来を知ることができるということは、凶事が見えていても為政者に報告せず、国家に不利益をこうむらせるといったことも自在だということです。そうなれば支配者にとって、ますます危険な存在となるわけです。

いずれにせよ陰陽五行は儒教や道教にも取り入れられていき、やがては国家運営と一体のものになりました。

とくに儒教では伝統的に、万物は天が主宰するものであり、君主は天の命によって地上を支配している、という思想があります。

だから君主は、天帝が納得するようなよい政治を行う義務があります。もしもそれがかなわなければ、人々の不満の気が満ちて地上世界のバランスが崩れてしまうのです。そのバランスの崩れが世の中に天変地異や凶事を引き起こし、やがて天帝の意志によって政権は改（革）まるのです。これを「易姓革命」と呼び、王朝が交代する原理とされるようになりました。

為政者がもっとも恐れたのは、このように天帝によって政権交代が行われることでした。だからこそ、もしも世の中が変化する兆しが見えたならそれをいち早く知り、手を打たなければならなかったのです。

聖徳太子と陰陽師

その中国の文化の影響を色濃く受けている日本に陰陽五行が伝わったのは、かなり早い時代だったといわれています。

『日本書紀』には、継体《けいたい》天皇7（５１３）年と同10（５１６）年に百済から五経博士が派遣されたと記されていますし、欽明《きんめい》天皇14（５５３）年には新たに易博士、暦博士などの派遣を百済に依頼したという記述も見られます。

五経博士というのは、儒教の中心となる5つの経――『詩経』『書経』『易経』『春秋』『礼記』の専門家のことをいいます。『易経』は算木と筮竹《ぜいちく》で吉凶を占うものですから、陰陽道の技法のひとつといっていいでしょう。つまり、このころにはすでに日本列島には陰陽道のルーツとなる中国の叡智が入ってきていたことになります。

また推古《すいこ》天皇10（６０２）年には、観勒《かんろく》という僧侶が「暦本」「天文・地理書」「遁甲・方術書」をもたらしたので、それぞれを学ぶ「書生」を選んだという記述も見られます。

推古天皇といえば、いうまでもなく聖徳太子《しょうとくたいし》が活躍した時代の天皇です。このときに陰陽道の基礎となるものが輸入され、それを伝えたのが僧侶だったということには、とても興味深いものがあるかもしれません。

そう、当時のインテリ、いわゆる知識層といえば圧倒的に僧侶だったのです。

誤解を恐れずに書けば、当時は政治と宗教的な行為は一体と見なされていました。国家を維持するには、目に見えない天の意志を知り、それに素早く対処することが必要だったのです。そしてそうしたことに対する知識、学問、技術などは、そのほとんどを僧侶が担っていたのでした。

「仏教公伝」という言葉を聞いたことがあるでしょう。

日本に仏教がもたらされたのは、聖徳太子の少し前、欽明天皇の時代だったといわれています。このとき、崇仏派の物部氏と排仏派の蘇我氏との間で大論争になったことはよく知られています。

そのなかで聖徳太子は、仏教の守護神である四天王に誓いを立て——つまり仏教の神の力を借りて——丁未《ちょうじ》の乱で物部守屋《もののべのもりや》を打ち倒しました。大阪の四天王寺は、その誓いによって建立されたものです。

聖徳太子はこのように、日本に仏教を広めた人物として有名ですが、その一方で陰陽道の導入にも力を入れていました。彼が隋に留学させた僧旻《みん》も、仏教の知識だけではなく、陰陽家の知識も日本に持って帰ってきたことでしょう。もちろん聖徳太子自身も中国由来の最新の知識にはよく通じていたはずです。

天武天皇と陰陽寮

日本において、陰陽道の成立に大きな影響を与えたのが、天武天皇です。聖徳太子の没後、朝廷では蘇我氏が絶大な権力を握るようになり、それに対するクーデターを起こした天智天皇が大化の改新を断行します。ところが天智天皇が崩御すると、弟の大海人皇子《おおあまのみこ》（天武天皇）と、天智天皇の皇子である大友皇子《おおとものみこ》のあいだで大きな争いが起こりました。

このとき大海人皇子は、陰陽道の呪術を自ら実践したといいます。壬申の乱において大海人皇子は、吉野から伊勢に向かう途中の横川という地で、黒雲が天を渡るのを目撃しました。そこで自ら「式（式盤《ちょくばん》）」という占い道具をとって勝敗を予知したのです。その結果、「天下が二分する前兆である。わたしが勝利を収めるであろう」と語ったといいます。

式盤については別項でも説明しますが、陰陽道の基本的な占術の道具です。つまり、大海人皇子＝天武天皇は、自ら陰陽道の呪術に精通していたということです。

その天武天皇は、日本を律令国家（律令＝法律によって統制された国家）にすることを決意し、さまざまな官僚組織を置きます。そのなかのひとつが、陰陽道を専門に扱う陰陽寮でした。

最初に述べたように、「陰陽寮」という文字が最初に見られるのは『日本書紀』「天武4（675）年正月朔条」です。

「四年春正月丙午朔、大學寮諸學生・陰陽寮・外藥寮、及舎衛女・墮羅女・百濟王善光・新羅仕丁等、捧藥及珍異等物進」

ここには大学寮諸学生などとともに、陰陽寮が薬や珍品を天皇に進めた、と書かれています。

その後、大宝元（701）年に制定された最初の律令『大宝律令』により、陰陽寮が正式に置かれたわけですが、その内容は『養老律令』によって知ることができます。

「陰陽寮
頭一人／助一人／允一人／大属一人／少属一人
陰陽師六人／陰陽博士一人／陰陽生十人／
暦博士一人／暦生十人
天文博士一人／天文生十人
漏剋博士二人／守辰丁二十人
使部二十人／直丁三人」

「頭」は寮のトップ、今日でいうところの長官職です。天文や暦、あるいは自然界に吉兆を示す変化が見られたときには、この位の人物が天皇に報告することになります。そして「助」から「少属」までは事務を司ります。

実際に呪術を実践して土地などの吉凶を判断するのは、6人の陰陽師です。陰陽博士は10人の陰陽生たちに陰陽道を教える立場となります。

同じように暦博士と天文博士も、それぞれ暦生と天文生に教育を施すという立場です。漏剋博士は、水時計による時間の管理と時報を行う職種で、20人の守辰丁がこれを補佐しました。

使部と直丁は、いわゆる雑用係にあたります。

これを見ていてわかるのは、陰陽師、暦博士、天文博士、漏剋博士はあわせて10人。これしかいないプロフェッショナルな集団だったわけです。しかも陰陽師は、そのうちの6人を占めています。ここからも、晴明ら陰陽師の仕事がいかに重要視されていたのかがわかるでしょう。

得業生・晴明

ところで読者は、ここに挙げた陰陽寮の役職のなかに、晴明が初めて記録に登場したときの「天文得業生」がないことを不思議に思われたかもしれません。

じつはこのときの晴明の位は、「天文生」でした。天文博士から、天文や気象観察をもとにした占いを学ぶという立場です。要するに、まだ学生です。

その学生のなかでも特別に成績が優秀の者には、「得業生」という身分が与えられていました。

得業生になれば、一定期間の修学が済んだ段階で試験を受け、それに合格することで専門の官職に就くことができたのです。

ですから、学生のなかでもトップレベル、官職にもっとも近い立場だったということはいえるでしょう。また、得業生には優遇措置として、衣食の支給なども行われていたようです。

40歳という年齢はともかく、晴明はこの時点で官僚への道が約束されていたということができるでしょう。

平安京と陰陽道

文武天皇が律令国家の舞台として建設したのが、藤原京でした。

奈良の大和三山の間で、日本で最初の「条坊制」と呼ばれる碁盤の目のような大路が張り巡らされた都市です。

それから都は、平城京、長岡京、そして平安京へと遷都を重ねていきました。

その間に、陰陽師の仕事も大きく変わっていったのです。

藤原京から平安遷都のころまで、陰陽師が占う対象は、天皇や公家、国家にとっての吉兆判断や自然災害の発生などが中心でした。

もちろんそのなかで、「どこどこの神がお怒りなので、鎮めの儀式をするように」といったような占い結果も出てはいたことでしょう。

けれども占いごとの大半は、「天の意をうかがう」ということにありました。災害が天による為政者への戒めであるなら、為政者の現在の行いははたして天の意にかなっているのか——それを為政者に知らせることが、陰陽師の重要な役割だったのです。

ところが安倍晴明の記録や説話を読むと、そうしたことよりも天皇や公家個人の呪いや怪異、災い除けといったことがメインになっています。

これは要するに、陰陽師に求められる仕事が大きく変化したということです。

いったいそれまでに、何があったのでしょうか。

平安京建設と長岡京

晴明が活躍した舞台は平安京——現在の京都の街です。

延暦13（794）年に桓武天皇によって建設された平安京は、明治維新によって首都機能が東京に移されるまで（じつは未だに正式な遷都は行われていないのですが）、およそ1000年にわたって日本の中心地として君臨してきました。

建設当時は東西約4・2キロ、南北約4・9キロという敷地に縦横に大路が走るという、まさに都にふさわしい構造を見せていました。

けれども桓武天皇は、最初からこの地に都を造ろうとしていたわけではありません。これに先立つ延暦3（784）年、つまりたったその10年前に長岡京を造営し、奈良の平城京からの遷都を済ませたばかりだったのです。

長岡京への遷都の理由は、いくつかありました。

ひとつはあまりにも政治的に強い力を持つようになってしまった奈良仏教から、距離を置くことです。

あるいは、桓武天皇は天智天皇の系譜だったため、天武天皇の第一皇子だった聖武天皇縁の平城京を離れる、という目的があったともいわれています。

さらに、内陸にあるということであまり交通の便がよくなかった首都としての平城京の欠点を解消することも理由のひとつでした。長岡京は川が多く、水路を利用することで淀川から直接海に出ることができたのです。これによって、各国の物資輸送が飛躍的に向上することが期待されていました。

また、長岡京は水も豊かだったので、それぞれの家で井戸を掘ることもできました。特筆すべきは、各戸に現在でいう「水洗トイレ」が完備されていたということです。発掘でわかったことですが、道路脇には排水路があり、この排水路の水が家の中に引き込まれて排泄物が外に流されるようになっていたというのです。

ところが、これほど便利で快適な首都だったはずの長岡京は、わずか10年で見切りをつけられ、平安京への遷都が行われてしまうのです。

長岡京が捨てられた理由として歴史書で書かれているのは、大雨によって都を流れる川や水路が氾濫し、大きな被害が出たということです。たしかにそういう被害はありました。清潔さを保つための水路があふれ、都が汚物にまみれてしまったわけですから、たまったものではありません。

けれどもその背後には、もっと大きな理由が隠されていたのです。

怨霊に支配された長岡京

延暦4（785）年9月、長岡京で暗殺事件が発生します。

殺されたのは、藤原種継《たねつぐ》。

長岡京の造営責任者であり、桓武天皇の信頼が篤かった人物です。

暗殺の首謀者として名前があがってきたのは、なんと桓武天皇の弟で皇太子でもあった早良《さわら》親王でした。この罪により親王は皇太子を廃され、淡路国（現在の淡路島）に流されることになります。

ところが早良親王は最後まで罪を認めず、絶食をして激しく抗議をします。その結果、淡路島に移送される途中で絶命してしまうのです。

そして――。

早良親王が薨去してから間もなく、宮中では次々と怪異――不吉な事件が起こりはじめました。

まず、桓武天皇の夫人である藤原旅子《たびこ》と母の高野新笠《たかののにいがさ》、さらに皇后の藤原乙牟漏《おとむろ》が病死します。そして早良親王の皇太子廃位とともに新たに皇太子になった桓武天皇の皇子、安殿《あて》親王が病の床に伏せるようになってしまいました。

それだけではありません。

日照りによる飢饉の発生、疫病の大流行、伊勢神宮正殿の放火事件と、次から次へと藤原京に悪い知らせが届いたのです。

これは、たまったものではありません。

しかも延暦11（792）年6月、ついにその原因が判明します。陰陽師に占いをさせたところ、早良親王の怨霊による祟りだということがわかったのです。

先に述べた河川の氾濫が長岡京を襲ったのは、それからわずか2か月後のことです。ここに至ってはもはや、桓武天皇は長岡京を離れ、早良親王の祟りを回避するしか方法がなくなったのです。

平安京の怨霊

こうしてわずか10年で遷都が決定します。

延暦12（793）年、長岡京からの再遷都のための公式調査が行われ，同年3月には平安京への遷都作業が開始されました。

ですが、怨霊への恐怖心が払拭されたわけではありません。むしろ不安はつのるばかりでした。怨霊による怪異は一向に収まる気配を見せなかったからです。

とはいえ、すでに死者となっている早良親王の怒りをおさめるには、怨霊となってしまった霊を手篤く慰めるしか方法がありません。

そこで朝廷は、親王が埋葬された淡路島へ使者を送って弔いと鎮魂の儀を行うとともに「崇道《すどう》天皇」の諱をおくり、名誉の回復につとめたのです。遺体も大和国（奈良県）に移し、改めて埋葬しなおしました。

けれども、それでも崇道天皇（早良親王）の怒りはおさまらなかったようで、清和天皇の御代になってもなお、京都の神泉苑で崇道天皇の霊を鎮魂する御霊会が行われたという記録が見られるほどです。

要するに平安京は、怨霊が渦巻く都だったのです。それは崇道天皇だけでなく、他部《おさべ》親王、井上《いのえ》内親王、藤原吉子《よしこ》、橘逸勢《はやなり》といった怨霊も、上御霊神社に祀られていることからもわかります。

あるいは、政治闘争に敗れて追われた菅原道真《すがわらのみちざね》、伴善男《とものよしお》らにしても同様です。彼らの怨霊は落雷や疫病となって、容赦なく都を襲いました。

そして『今昔物語集』に書かれた幼いころの安倍晴明のエピソードのように、夜ともなれば都の辻々で物の怪の群れが徘徊していたのです。

怨霊封じへと転換

こうなると、陰陽寮と陰陽師の役割も変わらざるを得ません。

どういうことかというと、これまでは天の意を自然現象や天文などを通じて占えばそれでよかった陰陽師が、神や死者、物の怪、さらには怨霊の意志までも占わなければならなくなったのです。

つまり、日本独特の陰陽道は、この時代にこうして成立した、ということです。

たとえば天皇の周辺で何か悪いことが起こったとします。

従来ならばそれは、為政者に対する天の警告を意味していました。そのため、何が悪いのか、何が起こるのかを占い、自らの行為を戒めることができたわけです。

ところがこの時代になると陰陽師は、その現象についてどの神もしくは怨霊の怒りが原因なのかを占うようになります。

それもあからさまな怪異現象だけとは限らず、鼠が調度品をかじったり、鳥が集まって飛んできたり、夜中に家がきしんだりといった、そうした日常的なことまで「祟りが原因ではないか」とされるようになっていったのです。

興味深い話があります。

第53代淳和《じゅんな》天皇（786〜840年）が、こんな遺言を命じたということが、『続日本後紀』に書かれています。

「予聞く。人没して精魂天に帰る。而して空しく塚墓存し、鬼物憑く。終に乃ち祟りをなし、長く後累をのこす。今よろしく骨を砕き粉となして、これを山中に散ずべし」

人が死ねば、魂は天に帰るものだが、墓を残せばそこの骨には鬼物が取り憑いて、いろいろと祟りをなすようになる。だから自分の骨は砕いて粉にし、山中に撒け――と。

もちろん、淳和天皇が何かに恨みを抱いていたわけではありません。そうではないのに、陵墓を残せば自分の意に反して、死後に災いの原因にされてしまうかもしれない。そんなことは耐えられないから、いっそ自分の骨は砕いて撒いてくれというのです。

実際、淳和天皇の骨は砕かれ、大原西山に散骨されています。

「鬼を見る者」――陰陽師

こうした風潮が起こったことで、陰陽師の役割は大きく変化しました。

どちらかといえば、それまでの陰陽師の仕事は「地味」なものでした。天体を観測し、日常の出来事に注視し、細かなデータを集め、異変の予兆がないかと目をこらす――そんな仕事から、一種の「妖怪ハンター」に転じたといってもいいかもしれません。たとえば第59代宇多天皇（８６７～９３１年）は、日記に次のように書き残しています。

「昔臣の父に名剱あり。世に壺斬と伝う。但し二つの名あり。田邑《たむら》天皇（文徳《もんとく》天皇）件の剱を喚びて、陰陽師にもたらし、即ち厭法をなして埋めると云う。時に帝崩じ、陰陽師は逃亡す。これ鬼をみる者なり。しかして剱の所在を知らず。彼の陰陽師は神泉苑に居す。ここにその所を推量し、掘りもとめてこの剱を援け得る」（『寛平御記《かんぴょうぎょき》』）

皇太子が相伝する「壺斬」という名剣がありました。文徳天皇がその名剣を陰陽師に渡すと、厭法（まじないのこと）を行って埋めるといいます。ところが帝が崩じ、陰陽師は逃亡。厭法の効果がなかったということで、この陰陽師は「鬼をみる者」の面目が立たなかったのです。幸いにも壺斬の名剣は、神泉苑で発見されました。

おおよそ、こんな内容です。ここから晴明誕生前の平安時代前半には、すでに陰陽師には「鬼をみる」力が宿っていると認識されていたことがわかります。

賀茂氏と陰陽道

実際のところ、安倍晴明が登場する前にも、京都にはたくさんの陰陽師が存在していました。

すでに名前を挙げていますが、春苑玉成、刀伎直浄浜、大春日真野麻呂、滋岳川人、三善清行などがそうです。

そこに登場してきたのが、晴明の師である賀茂氏でした。

賀茂氏の祖先は大和国（現在の奈良県）葛城郡を本拠とした豪族とされ、そこからはあの有名な役行者も出ているといいます。もしかすると、一族にはそうした不思議な力を可能にする「血」が流れているのかもしれません。

そのなかでも陰陽道にすぐれた賀茂氏一族の祖は、吉備地方（現在の岡山県）を中心地とする、吉備麻呂《きびまろ》という人物でした。

お気づきだと思いますがこの名前は、あの陰陽道の秘伝書である『金烏玉兎集』を中国から持ち帰ったとされる吉備真備にも通じるものがあります。というよりも後世になると、実際に両者は混同されてしまったのです。けれどもそれは、賀茂氏にとっては自分たちの箔付けにもなったわけで、むしろ好ましいことでもありました。

これは晴明の祖である安倍家が祖先の「内麻呂」を、やはり中国で活躍した「(阿倍)仲麻呂」と同一視したことと同じといえます。

両家のライバル関係は、こんなところにも見え隠れしているわけです。

その賀茂氏が陰陽寮で重用されたのは、10世紀のことです。なかでも賀茂保憲が陰陽陽のトップである陰陽頭に任じられたことは、きわめて大きな出来事でした。

ただし、その前の段階で、陰陽寮における賀茂氏の足固めをしていたのが、保憲の父の忠行でした。

賀茂忠行は、箱のなかに入れられているものを占いで当てることが得意だったということが、『今昔物語集』に書かれています。もちろんこの話自体は、出典が説話集なので事実かどうかはわかりません。だとしてもそれほどすぐれた陰陽師だと認識されていたことは間違いないでしょう。

実際、陰陽寮における忠行の役割には、ただならぬものがありました。

というのも忠行は、それまで陰陽寮においては天文道・暦道・陰陽道に分かれていた3

部門をすべて掌握し、統括してしまったからです。もちろんそれぞれの部門にはそれぞれの専門家がいたわけです。忠行は賀茂家をそのすべての部門の統括者という地位に押し上げることに成功しました。

その忠行のあとを継いだのが保憲です。

彼もまた、父と並ぶ陰陽道の達人とされていました。とくに得意だったのが、暦道だったといいます。

そしてこの同じ時代、忠行もしくは保憲に師事し、めきめきと頭角をあらわしてきたのが、安倍晴明だったのです。

陰陽寮のすべての部署を支配下におさめた賀茂氏でしたが、のちに保憲は晴明に、天文道の宗家を譲っています。そして暦道を息子の光栄に継がせました。かくしてここに、陰陽寮における賀茂家・安倍家という二大宗家のスタイルが誕生したのです。

彼らの主な仕事は、まずは本道である、天皇や公家にことの吉凶を伝え、それを避ける方法を伝授することでした。あるいは何かをなそうとするときには、もっとも好ましい日時を占うこともあります。新たな土地に何かをするときには、土地の悪霊を踏みしめて押さえつけることも重要な仕事と見なされます。

それに加えて土地の選定や悪霊祓い、ありとあらゆることにその力を求められるようになります。

晴明が藤原道長に重用されたように、ある意味、公家の生活のアドバイザー的存在だったといってもいいかもしれません。

武家の時代と陰陽師

晴明も保憲も亡くなり、時代はやがて平安から鎌倉・室町——すなわち公家から武家の世へと移ります。

陰陽師における賀茂・安倍という二大宗家の体制そのものは変わりませんでした。けれど、陰陽師が彼ら以外にいなかったかというと、そうではありません。朝廷＝天皇や上級の公家に仕える陰陽師がこの二大宗家だったというだけです。

当然、ほかにも陰陽道の呪術を扱う者はたくさんいました。

また、賀茂家や安倍家にしても、朝廷とつながることができたのは宗家の周辺の陰陽師だけで、双方の一族にはいわゆる支流の陰陽師がたくさんいたわけです。

そんな彼らは「仕事」を求めて、諸国のあちらこちらへと活動の場を広げていくことになります。

そんな陰陽師たちの力を求めたのが、武家でした。

鎌倉時代の『吾妻鏡』には、安倍氏のほかにも複数の陰陽師１００名以上が、武家のために活動していたと書かれています。

そして室町時代末期、京都は応仁の乱によって大荒れとなります。

土御門家の誕生

安倍氏は、室町時代になると有世《ありよ》を祖として土御門家を名乗るようになったといいます。

ただし、この時代には異論もあって、土御門の名は室町時代中期から戦国時代にかけての当主・有宣《ありのぶ》から名乗ったものだ、という説もあります。

応仁元（１４６７）年、京都で大きな戦争が始まり、それは文明９（１４７８）年までおよそ11年も続きます。京都の街は焼け、すっかり荒廃してしまいました。

この戦乱を避けて、安倍泰親の子孫である有宣から４代にわたり、安倍氏は若狭国（現在の福井県）名田庄に移住を行います。

若狭が選ばれたのは京都に近く、しかも応仁の乱で東の副将を務めた守護大名武田氏の庇護が受けられるということで、ここに多くの公卿たちが下向していたためです。

一方の賀茂氏ですが、こちらも都を離れ、西国の守護大名を頼っていったといわれています。

こうして京都から陰陽師も離れ、それぞれの地方に散っていくという状況が生まれてきたのです。

クリスチャンになった陰陽師

ところで、陰陽師としての賀茂家が途絶えた一因として、ある興味深い話が伝わっています。イエズス会の司祭として永禄６（１５６３）年に日本にやってきたルイス・フロイスが、著書『日本史』のなかで、「アキマサ」という日本人がキリスト教徒から日食や月食、さらに天体の運行についての知識を与えられ、それに納得して京都で最初にクリスチャンとして洗礼を受けた、と書いているのです。

もちろんこの「アキマサ」は、ただの日本人ではありません。賀茂在昌《あきまさ》は、賀茂家の暦道を継承した陰陽師でした。フロイスによれば彼は、「日本で最高の天文学者のひとりで公家」だったといいます（『陰陽師たちの日本史』斎藤英喜／角川選書）。

いずれにしても、最先端・最新の知識を積極的に吸収し、その成果をフィードバックするというのは、陰陽道の基本的な性質でもあるわけです。その意味では、賀茂在昌も正統な陰陽師の姿勢を崩してはいなかったわけです。

戦国武将と陰陽師

応仁の乱からのちは、戦国武将が台頭してきます。占いによって未来を知るだけでなく、敵を呪詛することができる陰陽師は、彼らにとってはまさに必要不可欠な存在となります。

しかも戦国武将たちは、公家のように吉凶を占ったり、あるいは怨霊を退散させたりすることにはさほど興味を示しませんでした。それよりも戦に勝つための具体的な方法を求めたのです。ある意味、実利を取ったということです。

そのため地方へ散った陰陽師たちは、戦国武将の軍師として雇われるケースが多かったようです。

また、戦に命がかかる戦国武将にとっては、何よりも陰陽師としての力量そのものが重視されます。賀茂氏・安倍氏という看板の威力は大きかったでしょうが、第1章で説明したような民間の「陰陽法師」たちもまた、実力さえ認められれば軍師として大いに働いていたといいます。

戦国の世を描いた時代劇や時代小説には、よく武将の側近・アドバイス役として僧侶が登場します。彼らのなかには、こうした「陰陽法師」も少なからずいたことでしょう。

その戦国武将のなかで、最初に天下布武の道筋をつけた織田信長《おだのぶなが》は、神仏や占い、呪いの類を信じない人物だったといわれていますが、実際にはそうでもなかったようです。

たとえば桶狭間の戦いへの出陣に際して、愛知県の熱田神宮に願文を奏しています。そして大勝すると、御礼として瓦ぶきの塀を寄進しました。

その信長もまた、「伊束《いそく》法師」という呪術師を抱えていたといいます。

『長篠合戦図屏風』を見ると、信長の周囲には背に六芒星が描かれた陣羽織を着た、複数の男たちの姿があります。六芒星というとユダヤの紋章を思いだしますが、播磨の陰陽師である蘆屋道満由来の「ドーマン」の紋章だという説もあります。

ということは彼らは蘆屋道満につらなる陰陽師集団、陰陽法師だったということなのかもしれません。

秀吉と陰陽師狩り

本能寺の変で織田信長が斃れ、そのあとを継いだ豊臣秀吉の時代には、陰陽師にとって大きな受難が起こりました。

秀吉による「陰陽師狩り」です。

きっかけは文禄２（１５９３）年に、淀君が秀吉の子、拾丸（秀頼）を出産したことでした。それにより秀吉の後継者としての地位が危うくなったと感じた秀次（秀吉の姉の息子）が、拾丸に呪詛をかけたとして、切腹させられてしまうのです。

このときに犯人とされた陰陽師が、土御門久脩《ひさなが》でした。

この人物は土御門家、つまり安倍晴明の末裔のひとりです。久脩はこの時期に秀吉の怒りを買って出奔したといわれていますが、諸国の陰陽師たちととりまとめられて、尾張国

（現在の愛知県）で開墾作業に従事させられていたともいいます。この地に配流された陰陽師は131人もいました。これが秀吉の陰陽師狩りです。

秀吉は、「陰陽師は国を滅ぼす者」として、忌み嫌っていたといいます。

京都の鴨川、当時の「五条橋」の下には「中島」があり、そこに晴明由来の伝承をもつ法城寺という寺がありました。ここは下級陰陽師たちの拠点となっていた寺なのですが、秀吉によって島ごと破壊されてしまうのです。

まさに秀吉の陰陽師に対する怒りを見るかのようです。

江戸時代の陰陽師

さて、時代は下り、江戸時代となります。

しばらくすると、街にはかなりの数の陰陽師が見られるようになりました。

これには理由があります。

天和3（1683）年5月のことです。地方で活動する陰陽師について、その支配を土御門家に一任するという、霊元《れいげん》天皇の勅許が出ました。

それだけではありません。徳川幕府の将軍綱吉《つなよし》からも、土御門家による陰陽師支配を認定する「朱印状」が出たのです。

こうして全国で活動している陰陽師はすべて、土御門家の配下になるということが正式に認められました。

これは、それまで陰陽師として活動をしていた民間陰陽師や陰陽法師たちが、土御門家の弟子になるということを意味していました。

悪いことではありません。

それによって彼らの活動は「公認」され、しかも「土御門家」というブランドを手にすることができるのです。下世話な話ですが、「売り上げ（営業成績）」も大きくアップしたことでしょう。

土御門家にしても、こうした民間陰陽師たちに「許可書」を与えることでコントロール下に置き、なおかつ活動にある程度の規制をかけることもできるようになります。もちろん、少なからぬ金銭のやり取りもありました。いわば家元への「上納金」です。それによって土御門家は、経済的にも安定を得ることができます。

このように、土御門家と民間陰陽師は、ウィンウィンの関係性を結ぶことに成功したわけです。

そしてこれこそが、町で数多くの陰陽師が公に活動するバックボーンとなっていったのです。

ただ、少なからずトラブルもあったようです。

たとえば神道の吉田家も、同じような組織をつくり、全国の神社の神職たちを支配していました。あるいは修験道の行者にも、また別の組織がありました。

そこに土御門家が、「僧侶であろうと神職であろうと、あるいは行者であろうと、占いを行う以上はすべて土御門家の許可を必要とする」と主張して割って入っていったわけです。これでは二重支配になるわけで、いくら天皇と幕府の認可があったとしても、かなりのトラブルが発生したといいます。

明治政府による陰陽道禁止令

このようにいろいろとあったものの、土御門家による民間陰陽師の支配は幕末まで続きました。

ちなみに公の陰陽寮という組織ですが、律令制度そのものは形式的には幕末まで続いていましたから、こちらも維持はされていたということになります。ただしそれはあくまでも形式的なもので、ほとんど形骸化していたといっていいと思います。

ところが大政奉還がなされ、明治維新の政策が進められていくなか、明治3（1870）年閏10月17日に「天社神道廃止」の太政官布告が明治政府により出されるのです。名前からはわかりにくいですが、これは要するに「陰陽道禁止令」でした。

これによって、かつて霊元天皇や徳川幕府によって認められた土御門家の特権は、すべて剥奪されることになりました。土御門家による諸国陰陽師支配は、公には禁止されてしまったのです。

その背景には、陰陽師による病気治しという「前近代的な慣習」を根絶したいという政府の思いもありました。西洋化を推し進めるなかで、旧来の迷信（としか思えない）呪術による民間医療など根絶すべし、という方針が政府にはあったということです。

それからもうひとつ、西洋の天文学にあわせて「太陽暦」を採用しようとするなかで（実際の採用は明治5年）、「太陰暦」をベースに吉凶を占う陰陽道は、完全に時代遅れのものと見なされていたのです。

こうして陰陽師たちは、歴史の表舞台から静かに消えていったのです。

第4章

陰陽道の呪術

陰陽師の仕事

鬼や物の怪と対決し、超能力めいた呪術によって打ち負かす――映画や小説に登場する陰陽師、とくに安倍晴明に関しては、そんなイメージが強いのではないかと思います。

確かに前章でも触れたように、平安時代の京都は鬼や怨霊といった魑魅魍魎が徘徊する暗黒な都市という顔をもっていました。

天皇も公家も、こうした見えない怪異におびえ、救われる方法を陰陽師に求めたことは間違いありません。

では、彼ら陰陽師は、どのような呪術をもって、こうした鬼たちと対峙していたのでしょうか。

陰陽師の仕事は、大きく以下の3つに分類されます。

1：占い（先読み）

2：祭祀や祓い

３：日時や方角の吉凶判断

実際、史料に残された晴明の仕事67件を分類してみると、そのうち１が13件、２が18件、３が21件と、この３つだけで51件になります（『陰陽道の発見』山下克明／ＮＨＫブックス）。では、それぞれの仕事の具体的な中身はどのようなものだったのでしょうか。

本章では、陰陽師の呪術を軸に、彼らの仕事を見ていきたいと思います。

占いとは何か?

まずは占いです。

ですが、そもそも占いとは何なのでしょうか?

現代に生きる私たちは、占いというとすぐに非科学的なもの、まじない的なものと考えがちです。

けれども民俗学者の小松和彦《こまつかずひこ》氏によれば、少なくとも日本人にとっての占いは、次のように定義できるといいます。

「『占い』は『うら・ない』で、『ない』は『あき・ない』（商い）や『つぐ・ない』（償い）の『ない』と同じであって、『ある事をする』の意、つまり『うら・ない』とは『うら（占）をすること』である。では、『うら』とは何だろう。『うら』とは『裏』『心』を意味する『うら』と同根の、『うわべ』『おもて』と対をなす語で、『占い』はそのような五感では把握しえない『裏』の領域の状態や動きを特別な方法で知ることである」（『安倍晴明　闇の伝承』桜桃書房）

「オカルト」という言葉があります。これも現代では、あやしいもの、インチキなものという認識が強い言葉です。

けれどもこの言葉の本来の意味は「目に見えないもの」ということです。あるものとあるものをつなぐ「目に見えない」ラインや、「うら」に隠れていて「目に見えないもの」の存在を知り、読み取ることがオカルトの本質なのです。

これはまさに、小松氏がいう「裏」を知るためのお話です。

そして小松氏は、その「裏」をふたつの領域に分けます。

ひとつは空間軸の上に現れる「裏」で、もうひとつは時間軸の上に現れる「裏」です。

前者はさらに、遮蔽物や距離がつくりだす「面」の「裏」と、この夜とあの世の境界線の向こうにある「裏」に分けられます。面の裏であれば、近づいたり遮蔽物を取り除いたりすることで知ることができますが、この世との境界線の裏は、霊能のような特別な力がなければ知ることはできません。

それは時間軸の上に現れる裏も同様で、過去や未来の出来事を知るには、やはり特別な知識や能力が必要とされるわけです。

そして占いとは、まさにそうした「特別な知識や能力」を駆使して、「裏」の世界を知ることなのです。

基本は占術

陰陽師にとって、仕事の基本はこの占い――占術です。もともとの律令においても、陰陽師の職務は占術とされていました。

肝心の占いの方法、つまり占法ですが、規定では易筮《えきぜい》（筮竹と呼ばれる竹ひごのようなものを用いて占うこと）、太一《たいいつ》（天の中心にある北極星の動きによる占い）、遁甲《とんこう》（占星術の一種）、六壬《りくじん》（これも占星術の一種）を合わせた三式、五行占いなどが用いられることになっていましたが、もっともよく用いられていたのは「六壬式占」だったといいます。

この六壬式占を行う際に使われた道具が、六壬式盤です。これは正方形の盤（地盤）の上に、円形の盤（天盤）を載せたもので、中央に穴があけられていて、回転する仕組みになっています。作られたのは、紀元前後の中国だということです。

地盤には八干、十二支、二十八宿が書かれています。

八干というのは、甲《きのえ》、乙《きのと》、丙《ひのえ》、丁《ひのと》、庚《かのえ》、辛《かのと》、壬《みずのえ》、癸《みずのと》のこと。

十二支は、子《ね》、丑《うし》、寅《とら》、卯《う》、辰《たつ》、巳《み》、午《うま》、未《ひつじ》、申《さる》、酉《とり》、戌《いぬ》、亥《いのしし》です。

このあたりの名前については日常生活でも耳にするので、皆さんにもなじみがあるのではないかと思います。

問題は二十八宿ですが、これは天球を28分割し、それぞれに星を当てはめたものです。以下、列挙しておきましょう。

・東方青龍

角《すぼし》、亢《あみぼし》、氐《ともぼし》、房《そいぼし》、心《なかごぼし》、尾《あしたれぼし》、箕《みぼし》

・北方玄武

斗《ひきつぼし》、牛《いなみぼし》、女《うるきぼし》、虚《とみてぼし》、危《うみやめぼし》、室《はついぼし》、壁《なまめぼし》

・西方白虎

奎《とかきぼし》、婁《たたらぼし》、胃《えきえぼし》、昴《すばるぼし》、畢《あめふりぼし》、觜《とろきぼし》、参《からすきぼし》

・南方朱雀

井《ちちりぼし》、鬼《たまおのぼし》、柳《ぬりこぼし》、星《ほとおりぼし》、張《ちりこぼし》、翼《たすきぼし》、軫《みつかけぼし》

次に天盤ですが、こちらは中央に北斗七星。そしてその周囲には十二月将、十干、十二支、二十八宿が書かれています。

十二月将は十二神将と混同されがちですが、違うものです。その内訳は以下のとおりです（カッコ内は対応する十二支です）。

神后（子）、大吉（丑）、功曹（寅）、太沖（卯）、天罡（辰）、太乙（巳）、勝光（午）、

小吉（未）、傳送（申）、従魁（酉）、河魁（戌）、登明（亥）

六壬式盤の占い方法

六壬式盤《りくじんちょくばん》は、ありとあらゆる占いで使われたといいます。天変地異はもちろん、病の原因、皇位継承の吉凶や日取り、あらゆる式典の日取り、場所決め……まさに枚挙に暇がありません。

安倍晴明が著したことがほぼ確実とされる唯一の書『占事略決』には、この六壬式盤を用いた占いの解説が、36章に渡って詳細に説かれています。それほど、この占いは信頼されていたわけです。

六壬式盤では、まず占う対象となる出来事が発生した時間が重要になります。その時間の干支を式盤の上に再現し、式盤を回転させて４つの干支との対応関係を引き出します。こうした作業の末に、式盤に書かれた神である十二月将などの性格を重ね、総合的な結論を導き出していくのです。

東大寺の正倉院に残された、ある六壬式占文があります。それによると、あるとき東大寺の大仏が汗を流すという出来事がありました。まさに怪異です。

そこで陰陽寮が六壬式盤で占ったところ、東大寺の長官と丑未寅申歳生まれの僧侶の責任を問う、という結論が出されました。そのうえで、天皇を含む関係者に、物忌みを行うように促されたといいます。

怪異占

このように、いわゆる物の怪、妖怪の類の出現や怪異な出来事の発生をひとつの警告ととらえ、原因や吉凶を占うことを「怪異占《かいいせん》」といいます。

『本朝世紀』（平安時代末期に編まれた国史）によれば、寛和2（986）年2月16日、太政官の庁舎に一匹の蛇が迷いこみました。現代の感覚では理解できないかもしれませんが、当時の人々にとってはこれも立派な「怪異」です。そこで彼らは、この蛇の出現が意味するものを晴明に占わせたのです。

晴明はこれを「遠行《えんこう》の予兆である」と占いました。

遠行というのは「遠くへ行くこと。遠出。遠征。死ぬこと」という意味です。平安時代の貴族にとって遠行とは、左遷を意味していました。このとき晴明は、左遷の心配がある人々の干支、凶事が発生する可能性のある日まで指摘しています。

この晴明の占いによって対象となった貴族はその日、物忌みに入らなければならなかったわけです。

こうした怪異は、この蛇の一件だけではなく、じつにさまざまな場所で起こりました。たとえば『小右記』に書かれている怪異を分類すると、以下のようなものが見られるといいます。

・烏が左大将の座に食いついてひっくり返した
・犬が奥座にフンをした
・牛や馬が庁に入ってきた
・賀茂神社で大木が転倒した
・虹が立った
・人魂を見た
・鬼の声を聞いた

もちろんなかには、後半のふたつのように「本物の怪異」もあるようです。けれどもそれ以外は、現代人ならとても「よからぬことが起こる予兆」だとは考えもしないのではないでしょうか。

物忌み

では、こうした怪異が起こったとき、不吉な未来を避けるために行われる「物忌《ものい》み」とはどのようなものなのでしょうか。

物忌みはもともとは神道の用語で、ある期間、飲食や行動を慎み、身体を浄め、不浄を避けることをいいました。これはもちろん、神々を祀るときに、心身を清浄に保つために行われたものです。

けれども、陰陽道における物忌みはかなり違います。どういうことかというと、もっと細かく、具体的なのです。

怪異占によって、ある判断が下されたとします。もちろん、祟りや警告として怪異が起こり、占いの結果、災いが起こると予知された場合です。

そういうときにはある一定の期間、外出を控えることになります。

たとえば安倍晴明を重用したことで知られる藤原道長は、どれくらいの日数を物忌みに費やしていたのでしょうか。それは、『御堂関白記』によって知ることができます。

とはいえ、この日記に道長が「今日は物忌みだった」と書き記したわけではありません。日記の原本には、道長とは異なる筆跡で「御物忌」という書き込みがしばしば見られるのです。これは陰陽師が物忌みの日を指定したときに、道長に仕える人物が予定として書き込んだものと考えられています。

それを見ると、1年でおよそ80日ほどが物忌みだったということがわかります。およそ4~5日に1日、物忌みをしていたわけです。

しかもこの物忌みの日数は、陰陽師が占いによって決めます。ほとんどは先に見た六壬占によって決められるのです。

物忌みの日が決まると、その人は邸に籠もります。

物忌みとは、凶事にあわないようにそうやって、屋内に籠もって過ごすことなのです。

当然、外部との接触も完全に絶ってしまいます。来客はもちろん、品物や手紙のやり取りもタブーとされていました。

また、物忌み中であるということを外部に対して示すために、「物忌」と書いた柳の枝の小片や紙片を、しのぶ草という植物の茎に結いつけ、冠や神、御簾などに差してアピールをするということもありました。この行為自体がまさに、災いを避けるための一種の呪法になっていたわけです（『陰陽道の本』学研プラス）。

晴明による占いと物忌み

安倍晴明が物忌みにかかわったという記録もあります。

藤原行成の『権記』によれば、長保２（１０００）年8月19日、内裏の宿所で鼠が宿《とのい》物《もの》をかじっているのを行長が目撃します。そこで「安四位」のもとに使者を送り、この「怪異」について占わせたのです。

「安四位」というのは、従四位下という、陰陽師としては破格の位に就いていた安倍晴明のことです。

さて、晴明が占うと、結果は「口舌」と「病事」でした。

「口舌」は論争、「病事」はもちろん何かの病気になるということです。

これを避けるために行成は、晴明が占っただけの日数を物忌みとして過ごさなければなりませんでした。

また、鼠ではなく鳩を怪異とした出来事もありました。

寛和2（986）年2月27日のことです。

この日、太政官の庁舎に鳩が入りこんできました。こんなことにまで、晴明は怪異占を行っていたのです。

これも結果は「口舌」でした。

それを避けるには、辰年、午年、亥年生まれの太政官関係者が、それからの25日間プラス、年内の4月と5月、7月の庚日と辛日に物忌みを行う必要がある、という占いの結果が出たのです。

すでに書いたように、「口舌」というのは論争です。現代の感覚なら、仕事をしていれば論争のひとつやふたつはあったとしても当然のことです。というより、職場に鳩が入ってきたとしても、それが凶事の予兆になるとは夢にも思わないでしょう。

ところがこの時代は、それが大問題とされたのです。

しかも論争までも「凶事」であり、物忌みによって避けることができると考えられていました。

それに加えて、おそらく晴明は「鼠がかじった」「鳩が出た」という怪異が発生したときには、即座に呼びだされているはずです。もしかするとそれは、夜中や明け方だったかもしれません。

現代人からすればこんなことこそ「壮大な無駄」だとしか思えませんが、当時の人々にとってはきわめて重要なことだったのです。

識（式）神と一条戻り橋

識（式）神は陰陽道において、もっともポピュラーな術といえるかもしれません。では、この術はどのようなものなのでしょうか。

「式」という文字は「もちいる」という意味ですから、式神とは「神をもちいる」という意味になります。当たり前のことですが、「式神」という名前の神が実際にいるわけではないのです。

ところがその一方で式神には、あたかも人格のある鬼神のようなイメージもあります。そこでよく整理してみると、式神にはじつはふたつのタイプがあるのです。

ひとつは、人間や鳥の形に切った紙や木片に息を吹き込むとともに術をかけ、あたかも生き物のように動かすというものです。これは『宇治拾遺物語』で晴明が、紙を鳥にして飛ばした話に見られるようなものです。

こちらはまさに「神をもちいる」タイプの式神です。

紙にかかりそめの「命」を吹き込み、あたかも生きているかの如く操るのです。目的があって物質に命を吹き込むわけですから、その目的が終わればまた元の姿に戻ります。

この術は、物に魂を入れる、あるいは呪詛する相手の魂を人形《ひとがた》に込めるという形で、その効果を発揮することもできます。

一例を挙げれば、護符としてその人の身代わりをさせる（身を護る）ケースや、呪いの藁人形のように人形を傷つけることで、呪いの相手も傷つける、というようなものがそれにあたります。それについては人形の項目で、改めて説明することにしましょう。

もうひとつは、『今昔物語集』で紹介した、老法師の識神（式神）を晴明が隠したエピソードのように、独立した鬼神や護法神のようなものを指すケースです。
妻が恐れるので、晴明は式神を一条戻り橋の下に隠していた、という話を聞いたことがあると思います。これは『源平盛衰記』巻10で、橋占いを行ったという話題に際し，次のように故事として紹介されたものです。

「一条戻橋と云は、昔安倍晴明が天文の淵源を極て、十二神将を仕にけるが、其妻職神の貌に畏ければ、彼十二神を橋の下に咒し置て、用事の時は召仕けり。是にて吉凶の橋占を尋問ば、必ず職神人の口に移りて善悪を示すと申す」

晴明は十二神将を識神として仕えさせていたが、妻がその顔を恐れるので、橋の下に隠しておいて、用事があるときだけ使役した、と書かれています。
晴明が使役していた式神が、紙などに「命」を吹き込むタイプではなく、鬼神のような「ある種の霊的なもの」だったということがわかります。

識（式）神と呪詛、呪詛返し

識（式）神はさまざまな使われ方をしますが、代表的なものといえば呪詛であり、呪詛返しでしょう。

『宇治拾遺物語』には、こんな話があります。

「その昔、安倍晴明が、まだ年若く器量のよい蔵人の少将が車から降り、内裏に向かう姿を見ていた。

そのとき一羽の烏が少将の上に飛んできて、糞をしかけた。それを見た晴明は、こう思った。

『ああ、まだ若くて世の受けもいいのに、式神に打たれてしまったのだろうか。あの烏はきっと、式神に違いない』

黙っているのもかわいそうだと思った晴明は、そのことを少将に話してやった。

少将は驚き、震えながら助けを求めたので、晴明は一緒に彼の家に行き、しっかりと抱きしめて『身固めの術』を施し、夜通し祈祷を行った。

するとと明け方になって、戸を叩く音がする。

少将と同じ敷地の家に住んでいる『相聟《あいむこ》』の使いの者だという。

詳しく話を聞いてみると、その相聟が、皆が少将ばかりを大切にすることを恨み、陰陽師に依頼して少将を呪い殺そうとしたというのだ。ところが晴明が『呪詛返し』を行ったため、陰陽師はいま、式神に打たれて瀕死の状態にある。男はその陰陽師から、何とか助けてもらえないかと、使いに出されたのだ。

だが、その陰陽師の様子を見に行かせると、すでにことときれていたという。相聟もこのことがばれて、家を追い出されてしまった」

このように呪詛は、式神を相手のもとに送ることで成立します。

ただしこのケースでは、陰陽師が死んだ理由について、自分が送った式神が返ってきたことによって、自らを呪詛してしまったことによるのか、あるいはその式神は晴明によって送り返されただけで、新たに晴明によって送られた式神に打たれたのか、詳細なことまではわかりません。

いずれにせよ、術者の能力の高さは、ときに本人の生き死ににまで影響を与えたのですから、呪詛はまさに命がけだったわけです。

セーマン・ドーマン

陰陽道の呪術のなかでも、もっとも陰陽道的なイメージを表しているのが、セーマン・ドーマンと呼ばれる記号です。

セーマン・ドーマンとひとまとめにしていますが、それぞれ別の記号です。注目すべきはその名前で――事実かどうかはわかりませんが――セーマンは安倍晴明から、ドーマンは蘆屋道満からきているともいわれています。

簡単にいうと陰陽道の術をかけるときに、御札や方陣に書き込まれるきわめて魔術的な図形です。

まずはセーマンですが、いわゆる星形、五芒星の形です。晴明神社の提灯などに描かれている一筆書きの星で、正式には「晴明桔梗」といいます。おそらくだれもが見覚えがあると思います。

この図形ひとつで、陰陽五行説における相生（木生火、火生土、土生金、金生水、水生木）と相克（木剋土、土剋水、水剋火、火剋金、金剋木）が表現されている、といわれています。言葉を換えれば、晴明が編みだした陰陽道の究極の奥義がすべて、この図形ひとつにこめられているわけです。

それだけに使用法は多岐にわたります。あらゆる場面で中空や紙片、札などに書き込まれるわけですが、もっともよくみられるのが呪符です。ある呪文の文字や言葉、記号が書かれたあとで、セーマンが書き加えられ、術が完成するのです。その際、術の目的によっては天地を逆さまにすることもありますし、五芒星の中央に点を加えることで、さらにその術を締めたりもします。

一方のドーマンですが、こちらはもっとバリエーションが豊かです。代表的な形は、いわゆる「九字」といわれるもので、横５本、縦４本の直線が引かれることで、「九星（一白・二黒・三碧・四緑・五黄・六白・七赤・八白・九紫）」を表すといわれています。

なお、陰陽道において「９」という数字は、「もっともきわまった数」として特別視されています。「きわまった」ということは「最大」という意味です。

日本では陰陽道以外でも、いわゆる修験者が九字の印を切るとき、「臨、兵、闘、者、皆、陳、列、在、前」と唱えるときの動きとしてもよく知られています。修験道ではそのまま「九字」といいますが、まさにドーマンそのものです。

なお、ドーマンにはさまざまな種類と解釈があり、なかには六芒星をドーマンと解釈する説もあります。陰陽師の歴史でも見たように、中世において武将の軍師となった陰陽法師たちが、さかんに兵法としてドーマンを用いたということも、その理由のひとつとしてあるようです。

方忌みと方違え

方忌みと方違え――ふたつでセットになっていますが、その内容は大きく異なっています。

方忌みというのは、いわゆる悪い方角、凶方を占いで判断し、それを避けるようにすることをいいます。

一方、方違えは、その方忌みの凶方へどうしても行かなければならなくなったときに、凶事が起こることを避けるための具体的な方法です。

どうするのかというと、ある場所を仮の宿とすることで、向かう方角を変える——凶方を凶方ではなくす——ということです。

このように方角によって吉凶が生まれるという考えは、９世紀後半から盛んになったといわれています。つまり、晴明の活動時期とほぼ同じころから始まった、ということです。

なぜ方忌みという考えが起こり、それが恐れられたのかというと、その方角に大将軍、太白神、天一神、金神などがいるとされたからです。こうした神々は、時間とともにいる場所を変えていくのです。

そのなかでもとくに力が強いとされたのが大将軍ですが、この星神は巳午未の年は東、申酉戌の年は南、亥子丑の年は西、寅卯辰の年は北を塞ぐとされていました。

しかも、これに加えて春は甲子の日から東へ、夏は丙子の日より南へ、秋は庚子の日より西へ、冬は壬子の日より北へ、それぞれ５日間だけ移動するなど、その位置を特定するにはかなり複雑な計算が必要とされます。

また、金神も力が強く、俗に「金神七殺」といわれるように、方位をおかすと７人の死者が出るとされていました。

だからこそ、それを知るためには陰陽師の知識が必要とされ、それを避けるためには方違えが行われたわけです。

方違えを行うとき、仮の宿とされた場所は「旅所《たびどころ》」「方違所《かたたがえどころ》」などと呼ばれていました。一度こうした場所で決められた日数を過ごし、目的地を凶方でない方角に変えるわけです。

けれども、単純に移動ルートを変更すればいいというわけではありません。最大の問題は、それにかける日数や時間です。

方違えは、ある一定の時間や月、日程度——つまり短めの時間しか塞がない凶方の神に対しては、1日から数日ですみました。けれども大将軍のように、1年もしくは3年も方角を塞いでしまうような神に対しては、最大で45日間も旅所に滞留しなければならなかったのです。

具体例を挙げてみましょう。

寛仁3（1019）年、藤原道任《みちとう》は、勤め先である内裏の方角を大将軍に塞がれてしまいます。そのため方違えを行うことになった道任は、内裏から見て艮（北東）の方角に位置する好明寺を旅所とし、そこで45日間、暮らしたというのです。

45日という数字は、それだけの日数をそこから通えば、大将軍は好明寺が道任の自宅だと勘違いするだろうということです。そして、大将軍がそのように認識してしまえば、自宅に戻ったとしてもそこを道任の邸だとはもう思わないはずだ、というわけです。いってみれば大将軍を騙すわけで、いささか都合のいい解釈のようにも思えますが、当時の彼らは本当にそう信じていたのです。

物忌みと方違えは、最初のうちはこのように単なる移動、もしくは旅行や転居の際に行われるということが多かったのですが、武士の時代になると軍事戦略としても強く意識されるようになっていきました。

とくに問題となったのは、合戦です。

攻める方角や守る方角にも凶方があって、それによって勝敗が大きく変わってしまうとなれば、武将たちにとっては死活問題だからです。そこでとくに戦国武将たちの間では、方忌みと方違えがいろいろと研究され、どんどん複雑になっていき、ついには陰陽師の手を離れて「兵法」と呼ばれる形に進化していったのです。

ちなみに陰陽道が占うのは、必ずしも凶方だけではありません。

遊年、禍害、絶命、鬼吏、生気《しょうげ》、養者、天医、福徳という8つの方角は吉方とされていて、たとえば生気、養者、天医は病気治療や延命に、福徳は財運獲得によい方角とされていたといいます。

符呪

符呪というのは御札に呪文を書くことで、霊符呪術の一種ということになります。その力を高めるために書かれたのが、前述のセーマンやドーマンでした。

この符呪は陰陽道以外にも広まっていて、身近なところでいえば、神社の御札であり、お寺の御守りがそれです。あるいは寺でも御札を出すことがあります。こうした神社や寺の御札や御守りのルーツは、陰陽道の霊符にあるのです。

陰陽道における代表的な呪文として「喼急如律令《きゅうきゅうにょりつりょう》」というものがあります。その意味は「急ぎ、律令の如くすべし」という意味です。これは中国の漢時代の公用文からきたものとされています。

それがなぜ、呪文になったのかというと、「令」という文字の音が「霈」の音に通じており、この「霈」が雷神の眷属である「霈」という神への呼びかけとなるからだとされています。

「雺」は稲妻とともに疾走する神で、その勢いで願いが成就するとされていたのです。その性質上、符呪はさまざまな目的で使われました。そのうちのひとつが火災除けです。いまでも火事は怖ろしいものですが、ほとんどが木造建築のうえに効果的な消火設備がなかった昔は、いまより数倍も火の手があがることを恐れていたのです。

『古事談』にこんな話があります。

「晴明と深いつながりがあった藤原道長の孫に、藤原師実《もろざね》という人物がいた。彼は、天皇が暮らす内裏に見立てた大邸宅を建築したが、それはただ一度も火災にあったことがなく、鎌倉時代になってもなお健在だった。

その理由は明確で、師実の邸宅の寝殿の長押や棟木の上には、晴明の息子である安倍吉平の手による呪符が置かれていたからだ」

このように、当時の公家たちの邸には必ずといっていいほど、陰陽師が描いた呪符が置かれていたといいます。

目的も、火災除けだけとは限りません。

出産であれ、家内安全であれ、あるいは政敵からの呪詛除けであれ、呪符はあらゆる場面で活用されていました。

いまでも霊府や呪符が、運を上昇させるアイテムとして人気が高いのは、こうした伝統を受け継いでいるせいなのかもしれません。

反閇

天皇が新たな建物に足を踏み入れるとき、あるいは公家が新居に移るときには、その場にいる悪霊を鎮め、浄める必要がありました。そのときに行われた陰陽道の呪術が反閇《へんばい》です。

反閇に関する最初の記録が見られるのは、天徳4（960）年です。

同年9月23日に内裏が焼失し、11月4日に村上天皇は冷泉院に一時的に遷御しました。このとき天文博士の賀茂保憲（何度も書いていますが、晴明の師とされる人物です）が、反閇を行ったというのです（『日本略記』）。

反閇のルーツは陰陽道ではなく、中国の道教にあります。道教には「禹歩《うほ》」という独特の歩行法があって、これによって土地の悪鬼を退け、道中の安全をはかることができるとされていました。

本来の目的は術者が踏みしめることで土を浄化し、その土を厄除けや祓いに用いるということにあったようです。そこから発展した結果、悪霊や敵兵を退ける秘法と見なされるようになったのです。

この禹歩が陰陽道に取り入れられて、反閇という歩行術になりました。

反閇では、いわゆる「継ぎ足」を基本とします。先に出した足に、後ろの足を引き寄せるという歩き方で、動き自体はきわめて単純なものです。

ちなみにこの継ぎ足の応用は、現代でも見ることができます。

相撲におけるすり足がそれです。

また、相撲の四股は、形こそ違いますが、思想は禹歩や反閇そのものです。力士は土俵上で大きく四股を踏むことで、大地の悪霊を踏み固めているといいます。これはまさに反閇の儀式そのものといえます。

反閇には大・中・小の儀式があったといいますが、現在知られているのは小反閇のみです。『小反閇作法並びに護身法』という文書によれば、小反閇は次のような手順で行われていました。

「陰陽師が出発する方角の門に向かい、玉女にその事を申します。五臓の気を観想しながら、龍樹菩薩や伏羲《ふっき》、玉女などの神を勧請します。次に天文呪・刀禁呪・四縦五横呪などの呪を唱え、遁甲の九星に請いながら引きずるように禹歩という特殊な歩行法を行い、反閇呪を唱えます。依頼主はこのとき、陰陽師の後ろを歩いていきます」

反閇は、平安時代にはかなり日常的に行われていたようです。

『権記』には、長徳4（998）年8月14日に、病み上がりで参内した藤原行成が、陰陽師の縣奉平に反閇を行わせたという記事も見られます。

内裏までの通い慣れた道であっても、身体が弱っていた行成にとっては、道に潜む悪霊をあらかじめ陰陽師に踏み鎮めてもらう必要があったのでしょう。

一見、用心深すぎるようにも思える行動ですが、これが決して特別ではなかったということは、寛弘9（1012）年に6月11日に、やはり病身だった藤原道長が、陰陽師の賀茂光栄に反閇を行わせてから外出した、という記事が見られることからもわかります（『小右記』）。

ちなみに反閇は、長く邸宅を留守にしていた公家が、再びその邸宅に戻るときにも行われています。

安倍晴明も、寛和３（９８７）年３月21日に、藤原実資が留守にしていた自宅に戻る際に、反閇を行っています（『小右記』）。

撫物と人形

江戸時代の有職故実の書『貞丈《ていじょう》雑記』に、こんな記述が見られます。

「なで物と云うは、是も陰陽師に祈祷を頼む時、陰陽師の方より紙にて人形を作り遣わすを取りて、身をなでて陰陽師の方へ送れば其れ人形を以て祈祷する事有り。さて後に河へ流す也」

「なで物＝撫物」の解説をしているわけですが、文中には「紙にて人形を作り」という一文が見られます。

陰陽師に祈祷を依頼すると、陰陽師から人形が送られてくるので、それで身をなでて送り返せば、祈祷したあとで河に流してくれる、というわけです。

撫物は、あるもの——ここでは人形——で身体を撫でることによって、その人がもつ穢れをそこに移し、陰陽師によって処理されるという呪術です。最終的に火で焼いたり河に流されたりすることで、異世界へと送りだされるわけです。

この人形は「にんぎょう」ではなく「ひとがた」と読みます。そのもの自体は、白い紙を人の形に模して切ったものにすぎません。ですがこれが、陰陽道の世界では強力な呪物としての役割を果たすのです。

人形の特徴は、姿が人間を模しているために、穢れや呪いを移しやすいということにあります。

使い方は万能に近く、息とともに一時的な命を吹き込み、式神として使役することもあれば、身に着けることで寄ってくる災いを代わりに受けさせることもできます。

筆者の知り合いだった陰陽師は、人形に呪文を書き込んで呪符を作り、その人の身代わりの護符としていました。実際、その人形は、あるとき突然、肩の部分から袈裟切りのように裂けてしまったそうです。

人形はときに、厄払いの撫物とはまったく逆の、つまり呪いの道具として使われることもありました。

かつての都の遺跡からは、木製の呪殺用の人形が出土することがあります。これは人形に呪う相手の魂を入れたうえで、釘を刺したり、折ったり、焼いたり、辻に埋めて人に踏ませたりと、さまざまな手段をもって相手を傷つけることを目的として仕込まれたものでした。

その効果を高めるために、呪う相手の名前を書いたり、あるいは呪文を書き込んだりすることもあります。

陰陽道ではありませんが、いわゆる「呪いの藁人形」などもその延長線上にあるものだということがいえるでしょう。呪いの藁人形では、相手を特定するために藁のなかに対象とする人物の髪の毛や爪などを入れます。そこまでして相手を呪うということは、ものすごいエネルギーも必要とされることでしょう。

泰山府君

陰陽道においてもっとも有名かつ最大の祭祀対象となっているのが、泰山府君《たいざんふくん》です。泰山府君というのは中国の神で、五岳のひとつである東岳（泰山）に宇宙から降りてきて神になったといわれています。それが泰山を神格化したもともとの「東岳大帝」という神と同一視され、いつしか民間の信仰対象となったのです。

この神は、人間の寿命を司るだけではなく、人間の賞罰まで決定する力を持っています。その役割から考えると、仏教における地獄の支配者、閻魔《えんま》大王の性質が混合している可能性もあります。

いずれにしても泰山府君の力の及ぶ範囲は広く、長寿以外にも財運、子孫繁栄、出世など、ありとあらゆる現世利益の信仰対象とされました。

さらに日本では泰山府君を、スサノヲや牛頭天王《ごずてんのう》、さらには天台宗の守護神である赤山明神と同一視する考えもあります。

そしてこの泰山府君という神を陰陽道における最高神として位置づけたのが、かの安倍晴明だったのです。

『小右記』には、永延３（９８９）年2月11日に、一条天皇のために晴明が泰山府君祭を行ったという記録が見られます。

本来ならばこのときは、円融《えんゆう》法皇が日ごろ一条天皇のために夢見がよくないということで、密教の儀式である「尊勝御修法《そんしょうみしほ》」「閻魔天供」「代厄御祭」が行われることになっていました。ところが当日になって突然、天台座主の尋禅によって「尊勝御修法」だけが行われることになったのです。なぜかあとのふたつは中止され、代わりに行われたのが晴明による「泰山府君祭」でした。

もちろんこの祭祀は、まったくの晴明オリジナルだったというわけではありません。けれども祭祀のかなりの部分が、晴明によって新たにつくられたもののようです。

では、この神を祀ることでどのような効果があったのでしょうか。

『今昔物語集』巻19に、こんな話があります。要約してみましょう。

「ある高僧が重い病気にかかりました。弟子たちが病気平癒の祈祷を試みても、少しもよくなる験がありません。

そこで、陰陽道における第一人者の安倍晴明を呼び、泰山府君の祭祀で命を助けてくれるように依頼しました。

ところが晴明は、驚くべきことをいいだします。

『占ってみると病は非常に重い症状で、泰山府君に祈ったとしても快癒は難しいでしょう。けれども病人の代わりにひとり、だれでもいいので僧を差しだしてくれれば、彼の命を身代わりにお願いすることはできます』

これを聞いた弟子たちのなかに、『自分が師の代わりに命を捨てよう』と思う者はだれもいませんでした。ただ黙って互いの顔色をうかがっているだけです。

ところがそのうちに、師からも見放されていたいちばん下の弟子が突然、口を開いてこういいました。

「私はもう、人生の半ばを過ぎてしまいました。また、貧乏でもありますので、どうせ死ぬのならいま、師の代わりに死のうと思います」

それを聞いた晴明は、この弟子の名をしるし、丁重に祭祀を行いました。

祭祀が終わると、師の病は急速に快方に向かいはじめました。

効果があったということで、弟子は死を迎えるために用意された部屋に籠もり、念仏を唱えながら静かに死を待ちます。ところが念仏の声は一晩中途切れることもなく、すっかり夜が明けてしまったのです。

するとそこに晴明がやってきて、こういいました。

『もう恐れることはありません。身代わりの弟子も大丈夫です。弟子が師に命を捧げようとしたことを泰山府君が哀れみ、ふたりとも命を助けたのでしょう』

晴明はそういうと、去っていきました」

泰山府君祭を行うと、死を迎えた人を生き返らせることができたというのです。いえ、ほかの説話によれば、死者を甦らせる力さえあったというのです。

ちなみに東京国立博物館に伝わる『不動利益縁起絵巻』にもまったく同じ話が絵で描かれていますが、ここでは寺は三井寺（園城寺）で、高僧の名は智興《ちこう》だと具体的に明かされています。

もっとも、泰山府君祭がもっともよく行われたのは病気予防であり、健康祈願であったといいます。そしてこの祭祀は、もっぱら宮中においてのみ行われていたのです。それだけ効果が絶大な秘儀だった、ということもできるでしょう。

中国では民間信仰の神でしたが、日本では陰陽師によって、天皇に独占されるようになったということです。

『権記』によれば、泰山府君祭は、次のように行われたようです。

「晴明朝臣をして、泰山府君を祭らしむ。科物、米二磯五斗、紙五帖、鏡一面、硯一面、筆一管、墨一廷、刀一柄、家よりこれを送る。晩景、都状等、十三通を送る。加署をしてこれを送る」

まず、安倍晴明によって泰山府君を祀らせ――つまり祭壇を設けさせ――あとは『権記』の著者である藤原行成が自ら、泰山府君に供え物を捧げていきます。それがここの供物リストで、もちろん晴明が指示したとおりに行っていたことでしょう。

文中にある「都状」というのは泰山府君に宛てた祭文です。これを読みあげることで、祭祀者は願いごとを直接、泰山府君に伝えるという形をとります。

祭文を読みあげるのは晴明であり、陰陽師ですが、あくまでも願い文ですので文章の主語はそのときの「天皇」ということになります。

いざなぎ流の太夫

最後に式神を用いた呪詛が現代まで残っているという、「いざなぎ流」の呪術についても説明しておきましょう。

いざなぎ流というのは、高知県香美郡物部村を中心とした一帯に存在する、多数の祈祷師たちによる民間宗教です。民俗学者の小松和彦氏の調査・研究によって広く知られるようになりました。現在では後継者不足による存続の危機もささやかれているようですが、ともあれ、彼らの行う呪術はかつての陰陽道に深くつながっているというのです。

小松氏はこういいます。

「このいざなぎ流がいつ頃発生し、どのような変遷を経て現在のような形態をとるようになったかは、ほとんど明らかになっていない。しかし、現在の信仰形態から推測して、土着化した陰陽道を核に、修験道や巫女信仰などが民間信仰を吸収しつつ混淆してできた宗教と考えられる」（『安倍晴明「闇」の伝承』桜桃書房）

「いざなぎ流の根幹が陰陽道にあることは、祈祷師たちが自分たちを他の祈祷師から区別するために、『博士』という名称を用い、陰陽五行説に基づく占いや竈祭・五行祭・方位祭・荒神鎮めなどの祭祀を行ない、さらに病人祈祷では『式神』を操作する、といったことから考えてほぼ間違いないであろう」（同書）

いざなぎ流における祈祷師は「太夫《たゆう》」と呼ばれています。彼ら太夫は晴明の伝統を受け継ぐ現代の陰陽師だというのが、小松氏の主張です。

しかも——。

なんと彼らは、場合によっては「呪い」さえもひそかに請け負うというのです。

もちろん、太夫自身はそんなことは口にしません。彼らの呪術はあくまでも「困っている人を救うためのもので、人を害するためのものではない」というのです。

とはいえ、彼らが救おうとする相手のなかには、だれかに「呪詛」されたことによって病気になった人もいます。その呪詛を祓うためには、彼らも呪詛する方法を知っておく必要があります。

もちろん、知っているからといって実際に使うとは限りません。けれども呪詛祓いをするということは、どこかでだれかが呪詛を行ったということなのです。

そして、そんなことができるのは、太夫と呼ばれる祈祷師だけなのです。

いざなぎ流の識（式）神

いざなぎ流の太夫は、晴明のように式神を使役するといいます。

いざなぎの太夫が呪詛を行うときには、「式王子」もしくは「式神」と呼ばれるものを相手に飛ばすのです。これを欠けば呪術は成就しません。

彼らは、識（式）神を相手に飛ばすことを「式を打つ」と表現します。

小松氏が１９７６年に収集した太夫の体験談があります。事件自体が昭和のはじめごろということで、かなり古い話になりますが、本書で取り上げている晴明たちの呪詛合戦顔負けの興味深い内容なので、長くなりますがあえて要約したいと思います。

「ある日、いとこの妻が『娘の様子が変なので祈ってくれ』といってきた。夕べ、遊びから帰ってきた娘が足が痛むといいだして、今朝はまともに歩けなくなってしまったというのだ。

急いで占ってみると、だれかに呪いをかけられた、と出た。そこでその娘に、『昨日、何か変なことはなかったか?』と尋ねてみた。

すると娘の母が、『娘が田んぼで遊んでいるときに、水を引く樋で死にかけているアマゴ(サツキマス)をつかまえてもってきた』と答えた。

アマゴは急流に棲む魚で、樋に入り込むとは腑に落ちない。そこで再び占ってみると、そのアマゴが呪詛神で、娘はそれに触れたために病気になったということがわかった。

小学校入学前の幼い娘に呪いをかけるとはひどいことをすると、『呪詛返し』で病人となった娘を祈祷することにした。

数日後、そのいとこの家で祈祷をしていると、隣に住む娘の友だちが遊びにやってきた。その子が土間の入り口に立ったときのことだ。突然転んで足をくじき、泣き叫びはじめた。見れば、その子はいとこの娘が痛がっていたのと同じ場所をケガしている。

どうやら『呪詛返し』が効いたようだ。

調べてみると、いとこの家と隣の家は、土地の境界線をめぐって争いが絶えなかった。

それを恨んだ隣の家の祖父が、いとこの家の者を呪ったということらしい。その祖父も多少はいざなぎ流の心得がある者だったようだ。

けれども当時はまだ未熟だったので、本人ではなく孫娘に呪詛が返ってしまったのだ。

それ以来、未熟を恥じ、めったに『呪詛返し』は行わなくなった」


淡々と語られてはいますが、その内容はじつに怖ろしいものです。

また、かつての都の陰陽師たちも、日々、こうした呪術合戦を行っていたのだということがよくわかる事例だと思います。

さて、駆け足に陰陽道の呪術を見てきましたが、少なくとも陰陽道における術の実際、その大きなフレームについてはご理解いただけたのではないかと思います。

第5章

現代に生きる晴明
——晴明ゆかりの地

晴明とパワースポット

安倍晴明にまつわるゆかりの地、あるいはパワースポットはたくさんあります。とくに京都の街は、よく注意して歩けば、あちらこちらに晴明の息吹を感じられるのではないかと思います。

けれども、限られたスペースでそのすべてを紹介するわけにはいきません。ここではいくつか、晴明にまつわる、それもきわめて有名な場所をいくつかご紹介してみたいと思います。

晴明神社

安倍晴明ゆかりの神社といえば、最初に名前が挙がるのが晴明神社でしょう。場所は京都市上京区晴明町。同社の「ご由緒」によれば、「寛弘4（1007）年、晴明の偉業を讃えた一条天皇の命により、そのみたまを鎮めるために、晴明公の屋敷跡である現在の場所に社殿が設けられました」とのことです。

創建当時は、東は堀川通、西は黒門通、北は元誓願寺通、南は中立売通に面するという、広大な敷地を誇っていたといいます。ところが応仁の乱後、豊臣秀吉による都の造営やたび重なる戦火によってその規模は次第に縮小。古書、宝物なども次々と散逸し、社殿も荒れたままという不幸な時代が続きました。

しかしその後、氏子が中心になって整備改修が進み、昭和３（１９２８）年には本殿・社務所を新築（現在、社務所は建て替えられています）。昭和25（１９５０）年には境内を拡張し、その後の晴明ブームによって全国にその名を知られるようになりました。

祭神は当然、安倍晴明御霊神です。

ご利益については、同社のＨＰに以下のように書かれています。

「晴明神社は、『魔除け』『厄除け』の神社です。御祭神である安倍晴明公は、ご生前より、天皇から貴族、庶民に至るまで、広くその悩みや苦しみを取り払うことで大きな信頼を得ておられました。その信頼は、神様となって祀られた現在も変わることはありません。

そもそも、『魔』や『厄』というものは、好むと好まざるに拘らず、誰しもが抱え込んでしまうものですから、折りに触れ、その厄を取り除くことが肝要です。

私たちの日々の生活には、なかなか解決できない問題もありますが、神前で静かに手を合わせ、その心を正直に晴明公にお伝えすれば、きっと、その絡まった糸がほぐされることでしょう」


同社では、陰陽師としてのすぐれた晴明の力が、そのままご利益として語られているようです。

境内には「旧・一条戻橋」や「式神石像」、「安倍晴明公像」、「晴明井」などがあります。なかでも晴明井は、晴明が念力によって湧出させたものといわれており、病気平癒のご利益がある霊水とされています。

小説や漫画、映画などの『陰陽師』で人気を集めたこともあり、いまでは晴明ゆかりのパワースポットとして、あるいは晴明ファンの聖地として、毎日たくさんの人々でにぎわっています。

(晴明神社/京都府京都市上京区晴明町806　堀川通一条上ル)

阿倍王子神社・安倍晴明神社

大阪府大阪市阿倍野区にある阿倍王子神社。その縁起『摂州東成郡阿倍権現縁記』によれば、仁徳天皇によって創建され、平安時代の初期には弘法大師空海が疫難退散の祈祷を修したこともあるといわれています。

「阿倍野」という地名は、古代の豪族「安倍氏」が居住した土地ということで、奈良時代にはその安倍氏の氏寺として「阿部寺」も存在していました。ところが平安時代になると安倍氏は勢力を失ってしまい、阿部寺も四天王寺に併合されます。

少し話は変わりますが、阿倍王子神社の西門前には阿倍野街道が通っています。これは古くは「熊野街道」と呼ばれ、京都から摂津、和泉を経て紀伊半島の熊野三山へ至る参詣のための道でした。

その熊野街道には、休憩と遙拝のために「王子社」と呼ばれる社が途中途中でたくさん設けられていました。そこでこの地に残された安倍氏の氏神である社は、「阿倍王子」と呼ばれるようになりました。これが阿倍王子神社の名前の由来です。

その阿倍王子神社の境内には、晴明の母だという伝説がある妖狐・葛の葉を祀った葛の葉稲荷神社があります。

そして、阿倍王子神社から北に50メートルほど離れて鎮座しているのが、安倍晴明神社です（ここは阿倍王子神社の境外社ということになっています）。

晴明の出生地として、いくつかの場所が伝えられていることはすでに書きましたが、この安倍晴明神社では、この地こそ晴明が生まれた場所だといいます。

境内には晴明の等身大の銅像、「晴明の産湯の井戸の跡」、「葛之葉霊狐の飛来像」、「安倍晴明誕生地の石碑」などがあり、また社務所内には「占い相談コーナー」も設けられているようです。

阿倍王子神社とのかかわりについてですが、伝承によれば室町時代から江戸時代にかけて、安倍晴明神社の社家であり、晴明の子孫と称する保田家が阿倍王子神社の神主を兼ねていたため、両社の関係が生まれたとされています。

その後、安倍晴明神社は一時的に廃れてしまったのですが、明治時代末期に復興計画が起こり、大正10（１９２１）年に阿倍王子神社の末社として認可されたことで、現在に至っています。
（安部王子神社／大阪府大阪市阿倍野区阿倍野元町9－4）
（阿倍晴明神社／大阪府大阪市阿倍野区阿倍野元町5－16）

安倍文殊院

日本三文殊のひとつとして知られる安倍文殊院。奈良県桜井市にある華厳宗の寺院です。その山号を「安倍山」といいます。開基は安倍倉梯麻呂《あべのくらはしまろ》——晴明の祖先とされる人物です。なお、同院は「三人よれば文殊の知恵」という諺で知られる、日本最大7メートルの文殊菩薩像を御本尊としています。

創建は大化元（645）年。大化の改新で左大臣となった安倍倉梯麻呂が、一族の氏寺として「安倍山崇敬寺」（安倍寺）を建立したのが始まりです。

崇敬寺は当時、現在の場所から南西に300メートルほど離れた場所に大伽藍を構え、大いに栄えていました。しかし、鎌倉時代になると現在の場所に移転します。ここでも大きな繁栄を迎えていますが、永禄6（1563）年に兵火で焼失。それから100年後の寛文5（1665）年に本堂が再建されています。

このように安倍文殊院は、安倍氏にとってとても関係が深い場所です。そして晴明は、ここで生まれ、さらに陰陽道の修行もこの寺の境内でしたといわれているのです。

現在、境内には晴明堂が建てられていて、陰陽師としての安倍晴明が祀られています。また、境内にある小さな「丘」では、晴明をはじめとする安倍一族が天文観測を行ったという話もあります。古代の天文台というわけです。もちろん事実かどうかはわかりませんが、遠い昔の晴明の姿に思いを馳せることができる、貴重な聖地となっています。

(阿倍文殊院／奈良県桜井市阿部645)

信太森葛葉稲荷神社

信太森《しのだのもり》葛《くずの》葉《は》稲荷神社は、大阪府和泉市にあります。正式には信太森神社といい、葛葉稲荷神社は通称となっています。

同社のＨＰによれば、創建は和銅元（708）年という古社です。

この地に伝わるのが、あの『葛の葉物語』で、安倍保名と葛の葉姫の悲しい恋物語と晴明の出生譚は、歌舞伎、浄瑠璃、さらには落語にまでなりました。

『恋しくは　たづねきてみよ　和泉なる　信太の森の　うらみくずの葉』

物語の詳細はすでに紹介しましたので、ここでは割愛しますが、この悲しい歌のなかには、晴明の出生に関するすべての情報が載せられているのではないでしょうか。

現在、境内には樹齢2000年を超える御神木の楠の木がひときわ異様を放っています。これは、清少納言の草紙でも「森は信太森」と記された歴史ある大木です。

また、晴明遙拝の子宝・安産を願う「子安石」や、妖狐が葛の葉姫に姿を変えたときに鏡がわりに身を写したとされる井戸なども残されています。

ちなみにこの神社からさほど遠くない場所に、聖《ひじり》神社があります。

こちらにも似たような葛の葉と保名、晴明の伝説が残されていて、かつては多くの陰陽師の信仰を集めていたといわれています。

（信太森葛葉稲荷神社／大阪府和泉市葛の葉町1-11-47）

天社土御門神道本庁

第3章では、応仁の乱を避けた晴明の子孫が福井県に移り、土御門家として陰陽道の系譜を継いだことを記しました。

この土御門家による陰陽師宗家としての全国支配は、江戸時代を通じて明治維新まで続いていきます。

第3章で土御門家について触れたときには、明治3（1870）年に「天社神道廃止」の太政官布告が出されたと書きました。この「天社神道」こそ、土御門家の陰陽道だったのです。

「天社土御門神道」は、明治維新によって律令制が廃止され、陰陽寮という制度がなくなったことによってその役割を失いました。天文や暦の研究は大学の管轄とされただけでなく、天社神道による陰陽道そのものが禁止されたからです。

こうして陰陽道は、歴史の表舞台から姿を消しました。

それでも土御門家による天社神道は、この地で息をつないできました。昭和17（194

2）年には「土御門神道同門会」が作られ、新たな動きも起こります。そして戦後になって、ついに復興されたのです。
天社土御門神道本庁は現在、福井県大飯郡おおい町にあります。天社土御門神道と名乗っており、宗教法人になっています。ですから、いわゆる晴明由来の陰陽道そのものではありません。

現在の霊場は旧家を改築したものですが、五芒星が描かれた提灯が下げられ、さらにさまざまな神々が祀られ、式神と晴明の画像が飾られています。周囲には土御門家（安倍家）縁の墓所や天壇など、いくつもの史跡も散在しています。

なお、現在は晴明の末裔である土御門家との関係は途切れ、血縁的なつながりはなくなっています。

（天社土御門神道本庁／福井県大飯郡おおい町名田庄納田終129-9）

晴明生誕伝承地

安倍晴明の誕生地については、伝承としてすでに述べたように4（5）つの地名が挙げられています。そのうちの「大阪説（阿倍王子神社／信太森葛葉稲荷神社）」と「奈良説（安倍文殊院）」についてはそれぞれの項目で述べたので、ここではそれ以外のふたつについて、見ておくことにしましょう。

・茨城説（茨城県筑西市猫島）

『簠簋抄』や『晴明伝記』で見た、晴明の故郷がここです。

「晴明橋公園」の周辺が、晴明の生誕地だといわれています。この橋も、晴明が水害を未然に防ぐために架けたものだといわれ、「晴明橋」と呼ばれていました。現在あるものは、その一部を再現したものです。

また、同市の「宮山ふるさとふれあい公園」の展望台1階には、晴明関係の資料も展示されています。

最後に――これはあくまでも余談ですが――一部では安倍晴明は平将門《たいらのまさかど》（?〜940年）の子供だったという説もあるようです。

・讃岐説（香川県高松市香南町）

もうひとつの出生地候補が四国の讃岐（香川県）です。

『大日本史料』の「讃岐国大日記《にちき》」によれば讃岐国香東《かとう》郡井原庄、丸亀藩の地誌『西讃府《せいさんふ》志《し》』によれば讃岐国香川郡由佐がそうだとされています。

「井原」は現在の高松市香南町あたりにあった地名で、「由佐」はいまも香南町に存在しています。

興味深いのは、室町時代に由佐を領有していた由佐氏は、もともと常陸国（茨城県）の城主だったということです。

時代的には晴明よりもあとですが、それでもどこか、猫島出生説とのつながりを感じてしまいます。

また、由佐にある冠纓神社《かんえいじんじゃ》には、ここで若かりし日の晴明が神主をしていたといういい伝えも残されています。

終章

風水と結界

賀茂家と安倍家

最後に、陰陽道の二大宗家である賀茂家と安倍家の関係について、改めて見ておくことにしたいと思います。

安倍家は、大化の改新にまで遡る古い家です。けれども、陰陽師家としての安倍家は、晴明から始まりました。晴明は陰陽師家たる安倍家の開祖というわけです。

その晴明は、賀茂忠行もしくは保憲の弟子でした。晴明の陰陽師としての知識は、賀茂家によってもたらされたのです。したがって両家の関係は、日本的な感覚でいえば本家と分家、ということになります。ですからもともとの陰陽道宗家は、賀茂家だけだったということになります（もちろん賀茂家の前にも、陰陽寮を指揮した家系は存在していましたが）。

その賀茂家に陰陽道宗家として安倍家が並び立てたのには、晴明の力が大きかったことは間違いないでしょう。

暦道を息子の光栄に、天文道を晴明にと、保憲が分け与えたことで、安倍家は陰陽道の二大宗家という地位を得たわけですから（ただしこれには否定的な説もあります）。

けれども、両家の関係は良好とはいかず、なかなか複雑だったようで、すでに紹介したように、『続古事談』には晴明と光栄の口論の様子が記されています。

それによれば口論の内容は、「保憲は百家の書を私に伝えたが、光栄には伝えなかった。これこそ、保憲が光栄よりも私を重んじていたという何よりの証拠であろう」と晴明がいうと、光栄が「その百家の書も、現在は私のところにある。また父は私に暦道を伝えたのだ」といいかえすといったように、ある意味、子供じみたものでした。

その後晴明は、寛和２（９８６）年に66歳で陰陽寮から離れます。しかし、次男の吉昌が天文博士に任じられて33年間をすごし、そのうちの５年間は陰陽寮トップの陰陽頭も兼任しています。

また、長男の吉平は陰陽博士、陰陽助を歴任したあと、天文博士とほぼ同格とされている「天文密奏」の役職を与えられています。また吉平の子の章親《あきちか》も天文博士に、章親の弟の奉親《ともちか》も天文権博士になっています。

保憲からの伝授の経緯はどうであれ、この段階で安倍家が世襲家として天文道をほぼ独占するようになったことは、ここからも間違いありません。

一方の賀茂家ですが、こちらも保憲、光栄、その弟の行義と暦博士を世襲していきます。とくに保憲は、暦博士、陰陽頭、天文博士と陰陽寮の重職をすべて歴任し、「三道博士」と称えられました。そして陰陽師として初めて従四位下（晴明の最高位と同じ）に叙せられるのです。

ランクは賀茂家が上？

こうしてみると、まさに二大宗家が並び立つ、といった感じではありますが、実際の陰陽師としてのランクは、賀茂家のほうが上という時代が長く続いていたようです。

「保憲は百家の書を私に伝えたが、光栄には伝えなかった。これこそ、保憲が光栄よりも私を重んじていたという何よりの証拠であろう」

「その百家の書も、現在は私のところにある。また父は私に暦道を伝えたのだ」

という晴明と光栄の論争があったことはすでに記しましたが、実際のところ、保憲から両者に伝えられた書＝陰陽道のテキストについては、質・量ともに差がつけられていたようなのです。

中国伝来の占い書に『黄帝金匱玉衡経《こうていきんききょくこう》』というものがあります。晴明の時代よりずっと昔、天平宝字元（757）年に、陰陽寮で習得すべき基本的教科書に指定された重要なテキストですが、これには詳細な10巻本と、簡略化された3巻本がありました。

賀茂家ではこのテキストを、10巻本も3巻本も揃えていたのですが、安倍家には3巻本しかなかったというのです。

しかも安倍家の3巻本は、賀茂家のものに比べて間違いが多かったといいます。つまり賀茂家から安倍家には、簡易版テキストの、それも写本として劣っていたものが渡されていたという可能性もあるわけです。

実際のところ、朝廷内における陰陽道宗家としての評価においても、賀茂家は安倍家を圧倒していたようです。

とくに平安時代も後期になると、安倍家の上位には常に賀茂家の陰陽師が君臨していました。陰陽寮におけるトップの座は、ほとんどは賀茂氏が占めていたのです。

そのような状況のなかで出てきたのが、晴明の没後100年ほどで発生してきた――つまり本書の第1章で紹介した――突然の晴明の「超人化」でした。

情報の発信者は明確です。

陰陽師としての晴明のすごさが広まれば広まるほど利益を受けるのは、安倍家しかいません。その主役となったのはおそらく、これも第1章で紹介した泰親だったはずです。

「さすの神子」と呼ばれるほどの占いの正確性を誇り、平清盛による後白河院《ごしらかわいん》の幽閉事件を予知したとされる泰親をもってさえ、安倍家の未来は安泰とは思えなかったのです。それゆえに必死になって、安倍陰陽師家の開祖・晴明の超人的な能力を謳い、それを安倍家の後ろ盾にしようとしたのでしょう。

結界について

ところで——。

ここまで本書を読んでいただいた皆さんのなかには、ひとつの疑問をもたれた方もいらっしゃるのではないかと思います。

結界について、なぜ触れていないのか——と。

たしかに、陰陽師といえば結界——そうしたイメージは、かなり根強いものがあると思

います。わたくしごとですが、筆者自身、結界張りを得意とするという陰陽師を知ってい
て、いろいろと詳しい話も聞いています。

では、なぜ本書では触れなかったのでしょうか？

少なくとも筆者が知るかぎり、陰陽師関係の文献において、結界張りの具体的な記録は
確認できなかったからです。

もちろん反閇などの術を行うにあたっては、その場をあらかじめ清浄にするという作業
はあったと思います。あるいは祓いによって、その場の邪な空気を退けるということもあ
ったでしょう。

けれども明確に「結界を張って××を守った」というような記録は見あたりません。

もしも記録があるのであれば、改めてご教示いただければとてもありがたいことです。

ですが、ここでは筆者なりに、結界についての見解を書いておきたいと思います。

結界というのは、ひとことでいうと内側と外側を分ける境界線のことです。

言葉を換えれば、結界は「場を区切るもの」ということです。

これは陰陽道の術、思想ではありません。仏教用語です。

仏教は修行をメインとする宗教です。そのため、修行の場は特別な空間として切り分け

る必要があります。

たとえば修行の場である寺院と外界を分けます。寺院の山門は、そのための結界のひとつでした。あるいは寺院内においても――とくに密教では――修行の場に魔が近寄れないようにしなければなりません。そのため、その周囲にも結界が張られたのです。こうして仏教では、大小に応じていくつかの結界が張られるようになりました。

もちろん、結界に近い思想や呪術的なものは、仏教以外にも見ることができます。

神道においては、鳥居や注連縄は、神様のいる聖域と外界を隔てる役割を果たしていますし、城の周囲にめぐらされた濠もひとつの結界です。

あるいは村の外れの街道沿いに立てられた道祖神、賽の神もまた、災厄を村に入れないための結界なのです。

四角四堺祭

こうして結界の視野を広げてみれば、それに近い呪術も陰陽道の記録に残されています。

その名を、「四角《しかく》四堺祭《しかいのまつり》」といいます。

この呪術の目的は、疫病除けでした。ウイルスという概念などなかった平安時代、疫病の原因は鬼でした。鬼気《きき》が侵入することによって、そこで疫病が流行るとされていたのです。疫病を防ぐこの呪術は、ふたつの術が重なったものです。

ひとつは、四角祭。これは別名「皇居四角祭」とも呼ばれていました。その名の通り、皇居＝大内裏の四隅にそれぞれ陰陽師を配置し、４人同時に疫病除けの鬼気《きき》祭を行うというものです。

鬼気祭の鬼気とは、鬼がもたらす霊障のことです。鬼気祭は、その霊障を祓うための祭祀です。つまり４人の陰陽師は、それぞれの持ち場で疫病をもってやってくる鬼たちを追い返すための祭祀を行ったわけです。

そして、仮にこうして天皇が住まう大内裏へ、疫病が侵入する最悪の事態は防げたとします。けれども、このままでは大内裏の周囲が危険です。したがってもっと広い範囲、できれば平安京全体を疫病の鬼から守る必要が生まれてきました。

そこで四角祭をもっと大規模にしたのが、「四堺祭」もしくは「郊外四堺祭」と呼ばれるものです。

奇妙な考えに思われるかもしれませんが、当時は疫病の鬼もまた、街道を通ってやってくると思われていました。

先ほどの道祖神や賽の神という、古くからの日本の思想です。賽の神は境の神であり、『古事記』における黄泉比良坂《よもつひらさか》を守る道反之大神《ちがえしのおおかみ》にも通じる神なのです。

そこで当時、平安京が置かれた山城国に出入りするために、「境（堺）」となる場所は4つあるとされていました。それは以下のとおりです。

・大枝《おおえ》／北西／現在の京都府亀岡市の老ノ坂《おいのさか》峠。山陰道の入り口。
・山崎／南西／現在の京都府大山崎町・大阪府島本町山崎。山陽道の入り口。
・逢坂／南東／現在の滋賀県大津市の逢坂山。東海道及び東山道の入り口。
・和邇《わに》／北東／現在の滋賀県大津市和邇。北国街道の入り口。

これが大内裏に対応する、山城国の四隅となります。そこで、それぞれに陰陽師を配置して、鬼気祭を行わせたわけです。

この四角祭と四堺祭を同時に行うのが、四角四堺祭です。

計8人の陰陽師が大内裏と都の外郭で同時に行う祭祀ですから、まさに最大規模の呪術といっていいでしょう。

ただ、こうしてみるとこれは、やはり結界「張り」ではありません。鬼気祭が行われたのはあくまでも「点」であって、点どうしをある種の霊的なラインで結んでいかない限り、結界が張られたとはいいにくいからです。

『帝都物語』と東京の結界

では、陰陽師＝結界というイメージはどこから生まれてきたのでしょう。あくまでも筆者の個人的な考えですが、ひとつの可能性を提示しておきたいと思います。

序章で筆者は、荒俣宏氏の小説『帝都物語』に触れました。

帝都である東京は、風水によって守られた霊的都市である――そのイメージが一般に広まったのは、この小説がきっかけでした。

この風水による霊的都市が、結界によって守られた都市になったのではないか、と思うのです。

よく混同されるのですが、風水というのは呪術ではありません。

風水はあくまでも、そこに暮らす人にとって好ましい環境かどうかを判断するための技術です。そのためには、大地（地球）を巡るエネルギーの流れを知る必要があります。風水とはそのための叡智であり知識なのです。

さらにいえば、東京の前の帝都である京都もまた、１２００年も前に風水思想によって霊的な守護が受けられるように建設された——結界が張られた——都市だった、という説がありますが、これもどうやらあやしいようです。

京都が四神相応（北に玄武＝船岡山、東に青龍＝鴨川、南に朱雀＝巨椋《おぐら》池、西に白虎＝山陽・山陰道）という、四方に神獣が配置されて守られた都市だという思想が文献で見られるようになるのは、12世紀になってからのことだといいます。つまり、平安京造営から４００年も後なのです。

そうである限り、四神相応によって守られるように設計されたというアイデアそのものが、後世になってつくられたものである可能性が高いということになります。

さらに京都がそうである以上、東京が風水都市であるという主張もまた、あやしいということになります。

それに、そもそも風水は陰陽道ではありませんし、そこには「結界」という概念もないのです。

こうしたことから考えたとき、陰陽師が結界を張ってある場所を守るというイメージは、つい最近になって小説『帝都物語』から形成されたものではないか、というのが筆者の結論なのです。

なお——これは余談になりますが——『帝都物語』のテーマは、帝都・東京に対する平将門の怨念です。安倍晴明を彷彿とさせる人物である加藤保憲は、将門の怨霊を甦らせることで帝都の破壊を企てます（その加藤に対峙するのは、陰陽道宗家・土御門家の陰陽師・平井《ひらい》保昌《やすまさ》という設定です）。

お気づきだと思いますが、この「保憲」という名前自体、晴明の師であり、陰陽道の宗家であった賀茂保憲からとられていることは明白です。

しかもそこで突然、平将門が登場するわけです。

京都の陰陽師と東京の怨霊という、まったく異なる要素をドッキングさせたように見える設定ですが、じつはこれにも大きな伏線というか、隠された作者の狙いがあるように感じられます。

なぜなら、文中でも少しだけ触れましたが、第2章で紹介した猫島生まれの晴明は、本当は平将門の子供だったのではないか、という説があるからです。

平将門が坂東の地で反乱を起こし、斃れたのは天慶３（９４０）年のことでした。対する晴明の生年は、延喜21（９２１）年とされています。

つまり、将門が亡くなったときは20歳前後。

猫島は将門が活躍した舞台とほぼ重なるわけですから――晴明が本当に猫島で生まれていたなら――あながち無茶な説でもありません。

『帝都物語』の設定には、そのあたりも意識されているのではないか、という気がします。

いずれにしても、安倍晴明の姿は時代を下るごとに混沌としていきます。もしかするといまこの時代における晴明像こそ、もっともバラエティ豊かに広がったものなのかもしれません。

あとはそれを、どう楽しむか――それはそれぞれの心のありように関わってくるのでしょう。

あとがき

安倍晴明――。

説明の必要もないほどの有名人です。

実際、世の中にはいわゆる「晴明本」があふれています。

そんななかでこの本は、その末席にでも加えていただけるのだろうか――そんな不安な気持ちで最初の文字を打ちはじめました。

けれども正直なところ、晴明に関して書かれた本はあふれてはいますが、実際にはどんな人物だったのかというと、とてもわかりにくいという気がしていました。実像と虚像が入り交じり、いつでも霧の向こうに隠れているような気がしてなりません。

本書では、その安倍晴明という人物の活動を軸に、日本における陰陽道の歴史をざっくりと見てきました。

書き足りないこと、書き漏らしたことがたくさんあることは十分に承知しています。なぜこの話がないのだと、お叱りを受けることもあろうかと思います。あるいは筆者の思い込みや事実誤認もないとはいいきれません。

実際、調べれば調べるほど、そして原稿を書き進めれば書き進めるほど、安倍晴明本人は寡黙になっていくような気がしていました。

饒舌《じょうぜつ》なのはいつも晴明の周囲にいる人々だけで、本人はいつも黙ったまま、妖しげな笑みを浮かべている——そんな気持ちにさせられることがよくありました。

本書のなかでも触れていますが、晴明に対して人々が抱くイメージはさまざまです。けれども、年齢不詳の美男子であれ、年齢を重ねた妖怪のような老人であれ、恰幅のいい中年男であれ、それぞれの心に思い描かれただけの晴明が存在しているということで、いいのだと思います。きっと晴明は、それでも何も語ろうとはしないでしょう。

学者でもなく専門の研究者でもない筆者が晴明の姿を追おうとしたのは、まさに雲をつかむような話であり、無謀な試みだったのかもしれません。

それでも数多くの先達の著書を拝読し、慣れない歴史資料に目を通していった結果、おぼろげながらも輪郭だけは見えてきたような気もします。

安倍晴明に関する物語はいつでも、歴史的事実とＳＦじみた説話が交錯し、複雑にからみあいながら構築されています。それを少しでもいいから腑分けし、切り分けてみる——

本書で目指したのは、そういうことでした。

けれども最初に書いたように、作業を進めれば進めるほど、晴明から「違うよ」とダメ出しをされているような気分になってきます。

何度も手が止まりそうになりました。

そのたびに根気よく、激しく、そしてやさしく、しかも妥協することなく、筆者の尻を叩いてくれたのは担当編集者の上原隆男さんでした。

そういえば本書の出版は、ひょんなことから決まりました。

詳しくは書きませんが、版元である青林堂の専務の渡辺レイ子さんが、晴明自身から「お告げ」を受けたというのです。そして、その後押しをして下さったのが、社長の蟹江幹彦さんです。

筆者である私自身は、何度もお断りしているように陰陽道や晴明専門の研究者ではありません。けれども精神世界やミステリー研究の世界に30年間身を置いて、さまざまなオカルト現象や事例に触れてきました。

ですから今回、筆者に執筆の役割がまわってきたのも、もしかしたら晴明自身の「ご指名」なのかもしれません。

ひとつ、確実にいえるのは、筆者がこれまでの執筆活動のなかで知った人物のなかでも、安倍晴明はきわめて魅力的な人物だということです。

魅力的であるがゆえに、どこまで書いても物足りなく、いわゆる隔靴掻痒《かっかそうよう》——靴の上から足を掻いているような気持ちに陥ってしまうのです。

それでも、少しでも晴明の姿をお伝えすることができたなら、そして新たな理解を感じていただけることができたなら、これに勝る幸せはありません。

最後に、青林堂の蟹江さん、渡辺さん、上原さんには、改めてお礼を申し上げます。

ありがとうございました。

そして最後まで読んで下さった皆さまにも、ありがとうございました。

中村友紀

●主要参考文献

『安倍晴明　「闇」の伝承』小松和彦／桜桃書房
『陰陽師　安倍晴明と蘆屋道満』繁田信一／中公新書
『安倍晴明の一千年』田中貴子／講談社選書メチエ
『陰陽道の発見』山下克明／ＮＨＫ出版
『陰陽師たちの日本史』斎藤英喜／角川選書
『陰陽の達者なり　安倍晴明』斎藤英喜／ミネルヴァ書房
『日本陰陽道史総説』村山修一／塙書房
『陰陽道の本』学研プラス
『陰陽師』夢枕　獏／文藝春秋
『安倍晴明「簠簋内伝」現代語訳総解説』藤巻一保／戎光祥出版
他

中村友紀（なかむらゆうき）

埼玉県出身。1980年代にニューエイジ運動、精神世界を専門とするプロダクションに所属。その後フリーとなり、さまざまなミステリーやオカルト関係の雑誌、書籍に企画・編集・ライターとして携わる。

安倍晴明―陰陽師従四位下

令和元年11月19日　初　版　発　行

著者　中村友紀
発行人　蟹江幹彦
発行所　株式会社　青林堂
〒150-0002　東京都渋谷区渋谷3-7-6
電話　03-5468-7769
装幀　有限会社アニー
印刷所　中央精版印刷株式会社

Printed in Japan

ISBN 978-4-7926-0663-3